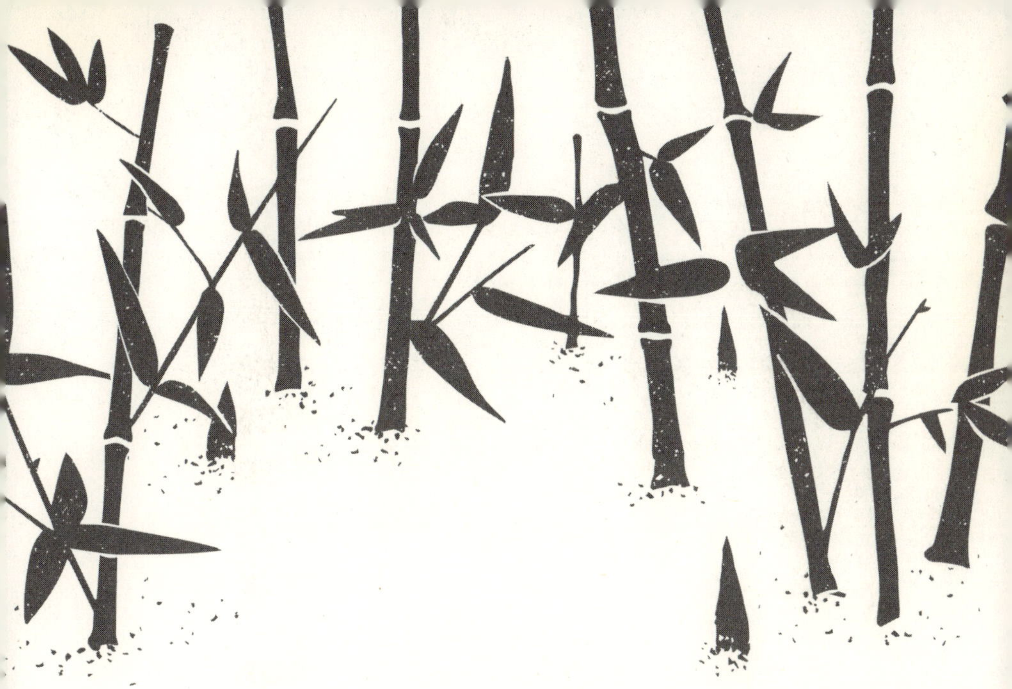

后浪

修身

徐迅 —— 著

北京联合出版公司
Beijing United Publishing Co.,Ltd.

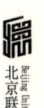

目　录

序　言……………………………… 1

第一章　大　学 ………………………… 1

第二章　仁　道 ………………………… 19

第三章　功　夫 ………………………… 35

第四章　立　命 ………………………… 83

第五章　中庸之道 ……………………… 91

第六章　心　易 ………………………… 99

参考书目 ………………………………… 149

序　言

修身——儒家"为己之学"

儒家认为，真实的学问是关于人生的学问，人生的学问即修身。

《论语·宪问》：
子曰："古之学者为己，今之学者为人。"
"为己之学"即儒家君子修身的学问，其问题是：你是什么人？你的心性何在？你要成为什么人？为什么生活？如何生活？
儒家君子修身之学即自我修养，治心养德，其目的在于：
认识自己，领悟人之所以为人，立志成为一个有

修 身

修养、有道德、有志向的君子。

修养自己,培植道德,化除私欲,醇化气质,涵养心性,显发本具之良知、良能。

圆满自己,修养日久而达至身心合一,达知天命,至"从心所欲不逾矩"之圣境。

"为人之学"则不然,其所学仅为思想之余绪,记忆之资粮,知识之积累,或迎合他人以获得赞赏,或哗众取宠以得到社会承认,或为社会阶位晋升之需,或为积敛财富之手段,如此等等,皆为功名利禄的事功之学,与身心性命了无关涉。

还有一类学问,如历史学、经济学、哲学、物理学、工程技术等等,与名利或无直接相关,属于现代社会职业划分的专业知识,也不是人生的学问,也属于"为人之学"。

儒家有"君子""小人"之分。

君子为学,专心修己,明道而成为有德之人,乃至大公无私,求天下之利。小人则不求道德修养,以私欲求财色名利。君子、小人之别,在公义与私利之间。

儒家君子修身就是学做人。何谓"人"?

序言

《孟子·离娄下》：

人之所以异于禽兽者几希，庶民去之，君子存之。舜明于庶物，察于人伦，由仁义行，非行仁义也。

又，《孟子·滕文公上》：

饱食、暖衣、逸居而无教，则近于禽兽。

人与禽兽的差别微乎其微。天地生万物，皆有其性。觅食求个体之生存，求偶求种群之繁衍，如此为欲望所驱使之本能行为，人与禽兽没有差别。如果人也和禽兽一样受欲望驱使，自生自灭，或人亦为弱肉强食适者生存之法则所支配，人何以成其为"人"？即使人类的某些社会行为现象，如组织、权威等，亦存在于禽兽种群中。人所以别于禽兽，即人异于禽兽"几希"者，即仁义礼智，只有人才有可能有"仁"，人性中有仁义之追求，人群中可有仁义礼智之关系，人之所以为人，即在于此。饱食、暖衣、逸居仍为欲望所使然，人之所以为人，须以教化，以有人伦，即"父子有亲，君臣有义，夫妇有别，长幼有序，朋友有信"。（《孟子·滕文公上》）

人之所以有别于禽兽，只有那么一点儿，这就是仁义。就这点儿差异，小人置若罔闻，弃之如敝履，

修　身

而君子视之如珍宝，修身以求之。中国古代圣人治理天下，并不是要行仁义，而是因为人本身有仁义的追求，故可以以仁义治天下。人有良知良能，故有道德，故能行仁义。人和禽兽的差异，就在于人有道德欲求，或可说，人与禽兽只有此一念之差。人的道德欲求就是人可以有人生之信念，可以以仁义安身立命。

《孟子·告子上》：
乃若其情，则可以为善矣，乃所谓善也。若夫为不善，非才之罪也。恻隐之心，人皆有之；羞恶之心，人皆有之；恭敬之心，人皆有之；是非之心，人皆有之。恻隐之心，仁也；羞恶之心，义也；恭敬之心，礼也；是非之心，智也。仁义礼智，非由外铄我也，我固有之也，弗思耳矣！故曰："求则得之，舍则失之。"

人皆有善性存焉，乃天所赋予，本来具有。此人性本善即仁义礼智。仁，恻隐之心；义，羞恶之心；礼，恭敬之心；智，是非之心。仁义礼智乃人性本身所固有，即人之所以异于禽兽者。

人性本善，然世上有坏人坏事、恶人恶行，其何故哉？

人世间有善有恶，既有善良、忠诚、热情、刚强、宽恕、忍耐，也有憎恨、虚伪、阴鸷、傲慢、暴戾、狂妄、骄纵、蛮横等等。一个人遵循其本性，则可以为善。反之，一个人不为善，即未按其本性做人，非其天生资质为恶。我有善根，人人所共有；我能修身以明心见性，人人皆有此能力。此即《孟子·告子上》"乃若其情，则可以为善矣，乃所谓善也。若夫为不善，非才之罪也"所云。

《孟子·公孙丑上》：

无恻隐之心，非人也；无羞恶之心，非人也；无辞让之心，非人也；无是非之心，非人也。恻隐之心，仁之端也；羞恶之心，义之端也；辞让之心，礼之端也；是非之心，智之端也。人之有是四端也，犹其有四体。

人与禽兽区别就在于人有仁义礼智"四善端"，恻隐之心即同情心，仁由此出；羞恶之心即羞耻心，义由此出；恭敬之心即谦和心，礼由此出；是非之心，即善恶心，智由此出。仁义礼智之端内在于人心。人的自然欲望和感官追求，与禽兽无别，而人对仁义的追求和涵养，为人之所独有，此足以把人与禽兽区别开。

"恻隐之心，仁之端也"。恻隐之心即对他人之不

5

幸、危难，而产生哀痛、同情、怜悯，亦即人所以为人的基本感情。此为孔子仁学之发源，即是一个"情"字，此情可扩充为"泛爱众"，即悲天悯人，哀民多艰，感时伤世，忧国忧民，以至大公无私之"仁"，解民倒悬救民水火，为天下苍生依仁蹈义，故曰"仁之端"。

"羞恶之心，义之端也"。羞，指羞愧、羞耻、内疚；恶，指憎恶、嫌恶、讨厌、不满。恶由羞产生、引起。"义"者，公正、合宜、法度。羞恶之心即对自己违反义时产生诸如内疚、惭愧、羞耻、自责；对他人不义之举则憎恶之，嫌弃之，愤慨之。

"辞让之心，礼之端也"。辞让，自我谦抑而对他人恭敬、礼让，相互不争。不争名，不争利，以至不争命，所以有礼。礼者，理也，行事所以依据者。《说文·示部》："礼，履也。所以事神致福也。"事神致福须行之以礼，接人待物亦复如是。无礼者，无理也。凡争权夺利，必也无理。

"是非之心，智之端也"。是非，对与错，正与误，善与恶。是非自在人心。辨是非、辨正邪、辨善恶即智，愚昧反是。具有仁之"心"为道心，开发道心需以辨善恶为端。

序 言

人人皆有向善之能力，然人有违背其善性者，见利忘义、背信弃义、贿赂公行、骄奢淫逸，以致杀人越货盖所常见，其何故哉？

《论语·阳货》：
性相近也，习相远也。
又，《孟子·告子上》：
仁，人心也；义，人路也。舍其路而弗由，放其心而不知求，哀哉！人有鸡犬放，则知求之；有放心，而不知求。学问之道无他，求其放心而已矣。

人与人之间有种种差异，有先天者，有后天者。先天者，性格、禀赋；后天者，习性。习性为后天习得之性，有好有坏，有善有恶。人性本善，然入世后便有习性，则有善恶。恶所以有，因人迷失了善之本心，即"放其心"，即漂泊其心，迷失其心，如此心不守舍，善根则被蒙蔽。贪欲所求乃是财色名利，最易令人耳目眩晕，玩物丧志，如此最易养成习气，在名利场中随波逐流，不由自主。人固皆有向善之心，然此心一旦被蒙蔽而被贪欲所迷，则摇摆于善恶之间，犹疑不定，甚至自甘于堕落。

修 身

善恶之争此涨彼落,循环不已,此乃人世间之常态。然于君子而言,仁乃人之本心,义乃人之正道,为己之学即坚守本心而不使迷失,坚固仁心而复固有之善。小人反是,弃正道而不走,失落本心而不求索,痛哉!

试问:

于天地间,舍一己之本心,身语意其有何据?

于人世间,升沉荣辱得失生死,在在皆是,若无本心,如何得过?

于人生而言,若无一己之本心,"我"竟为何物?

财色名利均为身外之物,唯有此心属于"我",若无此心,则"我"无一物。儒家为己之学无非寻求回失落之本心。故此,儒家之人性善,亦是"可欲""可求"的。人生而具有恻隐、羞恶、辞让、是非之心,此四心内在于人性,人之所以为人,其可贵处在于能够弃恶扬善。求仁善则得之,如置若罔闻,则必失之。寻求失落之本心就是修身,就是求仁善,以此开发人性善之仁义礼智,坚固之,发扬之,光大之。

《论语·里仁》:
朝闻道,夕死可矣。

序　言

　　修身是人生第一等大事，不可等闲视之。兹事体大，故需立志。志不立，天下无可成之事。立志就是要明确修身的志向。君子就是有志之人，小人只是无志。

　　修身不是看书、做学问。修身不是求福报，不能居怀利邀福之心。修身甚至不是开发智慧。修身就是求道，求天德良知，求人生至善之道，求人生所以端本正源深根固柢之道。一言以蔽之，求安身立命之道。故此，修身要立此绝大志向。求道，求安身立命，要在自己身心上用力，下大功夫。有些人愿意做君子，愿意修身，但不愿意下功夫。这依然没有立志。立志就要勇猛坚决，发大心，立大愿，以"不为君子誓不为人"之志，九死而不悔，此即为"三军可夺帅也，匹夫不可夺志也"。一个人有了志，才会有定力，才能做到不动心，才不会随波逐流。人生而有别，材质有异，然均可立志成为君子，均可认识自家身心性命，体证之，实践之，涵养之，消融之，通化之，要在立志。

　　修身之立志，就要有"朝闻道夕死可矣"之精神，如此才可证道、得道。

修　身

《论语·卫灵公》：

君子求诸己，小人求诸人。

又，《孟子·尽心上》：

求则得之，舍则失之，是求有益于得也，求在我者也；求之有道，得之有命，是求无益于得也，求在外者也。

修身乃为己之事，故须从自己做起，此即"求诸己"，"求在我者"。所求者，本心也，本心之善也。此心本属于"我"，其得与不得，取决于一己之志向，故其可求。进而言之，修身就是在心性上成就自己，而非外求所谓的"真理"。财色名利均为身外之物，乃"求在外者"，其得与不得，有人力不可为者。

仁义之得失，只在于立志。立志求仁义则得之，不立志则失之。盖仁义存于人心，只要立志修身，必有所得。财货名利之类，乃身外之物，与身心无关，求未必可得，不求未必不得，有命使然也。君子所求，求可欲之事；小人所求，求身外之物。

《论语·先进》：

季路问事鬼神。子曰："未能事人，焉能事鬼？""敢问死。"曰："未知生，焉知死？"

序言

儒家不言人生转世，不言神仙，不言长生不老，不言寿命之修短，只说此生，只说认清生命之本原，此生不能放任自流，需自己主宰自己。

儒家不讲彼岸，不讲终极神性，不讲绝对理性，不讲生命的终极价值，只说心性，只说性本善，只说此心即道，只说此生以此心达道。

人有灵觉，存于一心，此心明澈则通达天道，此心混沌，则灵觉蒙昧，其生也浑浑噩噩，其死也忧愤恐惧。

故此，君子修身端的在修此心，此灵觉是否清明澄澈，端的在其生死之际。洞彻此灵觉，非修身不可以至也。

第一章

大　学

第一章 大 学

儒家修身之纲领在《大学》一篇。

"大学"之义,即"大人之学","大人"即儒家君子。

《孟子·告子上》:

公都子问曰:"钧是人也,或为大人,或为小人,何也?"

孟子曰:"从其大体为大人,从其小体为小人。"

曰:"钧是人也,或从其大体,或从其小体,何也?"

曰:"耳目之官不思,而蔽于物。物交物,则引之而已矣。心之官则思,思则得之,不思则不得也。此天之所与我者。先立乎其大者,则其小者弗能夺也。此为大人而已矣。"

人有大人、小人之分。以安身立命为本者为大人,斤斤计较庸凡小事者为小人。小体指"耳目之官",大体指"心"。君子修身从其大体,专注于其心所思所在,以心"思"之,反求诸己,发现"天之所与我"

之仁义礼智。大人者,有德君子也,以安身立命为根本而高尚其为人者也。小人从其小体,沉溺于感官之享乐。其心不在,其无所思,为外物所困扰,故其心蒙蔽,所谓"放其心"者也。

守住本心则有神思,有神思则必有所得。神思为心之官,其可发现"天之所与我"之仁义礼智,如此则身既已安,命既已立,感官无所困扰,小事无所妨碍,此即为"大人之学"。

《大学》有曰:

大学之道,在明明德,在亲民,在止于至善。

古之欲明明德于天下者,先治其国;欲治其国者,先齐其家;欲齐其家者,先修其身;欲修其身者,先正其心;欲正其心者,先诚其意;欲诚其意者,先致其知,致知在格物。物格而后知至,知至而后意诚,意诚而后心正,心正而后身修,身修而后家齐,家齐而后国治,国治而后天下平。自天子以至于庶人,壹是皆以修身为本。

格物、致知、正心、诚意、修身、治国、平天下,即儒家君子修身纲领。从天子到平民百姓,以修身养性作为人生之根本,概莫能外。美德彰明于天下,此圣人之事。治理好国家，此贤君之事。以仁爱孝悌整顿家族，此君子之事。圣人、贤君、君子，其位不同，然均为修身所成就。而庶人亦应格物、致知、正心、诚意，如此修身，则圣人可使美德彰明于天下，贤君可使国家昌明，社会繁荣，君子之家和睦安详，民风淳朴，百姓安居乐业，此为盛世。反之则不然。若社会道德沉沦，世风萎靡，戾气弥漫，则圣人隐，贤君不出，君子之德扫地以尽，此乱世也，末世也。故此，天下事非独圣人事，天下人上下同心之事也；国家事非独贤君事，治理以教化国人为事也；家族事非独君子事，民风所以从学者、国家所赖以治理者也。"自天子以至于庶人，壹是皆以修身为本"，此之谓也。

格物

天下万物自有其理。如"天下""国""家""身"等之源流、本末，如天地鬼神之变，鸟兽草木之宜，身心性情之德，人伦日用之常，自有其理，然万法归一，此即阴阳盈缩进退之道。修身不是求知，不是作学问，不是哲学思辨，不是面壁空想，而是工夫，即体认天地万物之理。此一理即天理，贯穿日用伦常，体认此天理，即可通晓生命之意义，则修身有所依据。

天理不独立存在，而存于一己之心。儒家之格物，须先有其意，心无意则无物可格。身之主宰是心，心所发修身之意，意在致仁义礼智，则格物即以致仁义礼智为目的，即发见人之善根。心在万物而格之，即是以物观心，两相映照。格物即是求心于事事物物之中，格物亦是求诸心，求于内。天下万物之理可谓多矣，身为人子，有其理在；身为人父，有其理在；身为人夫，有其理在；身为人妻，有其理在；身在上位者，有其理在；身为士农工商，均各有其理。天下事物浩繁无穷，然修身只一件事，以修身对天下事，只有一理，而其用之微妙，实存于一心，故万物只有一理。所谓格物，实为格心。

致知

知，感悟也，觉悟也，悟觉也。人生之感悟，不从求知中来，不从学问中来，不从哲学思辨中来，不从面壁空想中来，从天下万物之格物中来，无格物即无致知。感知《大学》所云"明德"，即是致知，以格物而照见本心即是致知，发见此心之善即是致知。

一心之善,可以有仁爱、忠恕、孝道、恻隐、辞让、恭敬、是非,如此等等,出于一心,既是致知。以明德教化天下,圣人之致知也。以安居乐业为治国之本者,贤君之致知也。以仁爱孝悌治家者,君子之致知也。以安分守己生活日用者,庶人之致知也。致知乃以格物穷究本心,以日积月累之格物工夫,时时、事事追究本心之善,最后豁然开朗,打通万物之理,回归于一心,致知也。致知者,修身之境界也。人有先天禀赋之异,有修身工夫之别,故其境界亦有不同。

正心

正心就是端正念头,排除私欲,邪不内侵,时时事事守住本心之正位,不使偏离,坚定致知的意向。

《大学》:
所谓修身在正其心者,身有所忿懥,则不得其正;有所恐惧,则不得其正;有所好乐,则不得其正;有所忧患,则不得其正。心不在焉,视而不见,听而不闻,食而不知其味;此谓修身在正其心。

所谓忿懥、恐惧、好乐、忧患,如此等等,皆为私心、私欲、私见所致。有私心、私欲、私见，则其心不处正位。心为身之主宰，独立不倚，心不守正，则外放、外驰。以致迷失。心在正位，则不被外物所引诱和驱使，故曰"视而不见，听而不闻，食而不知其味"。反之，心为外物所引诱和驱使，则有忿懥、恐惧、好乐、忧患，牵引其心失其正，心失其正则身无主宰。正心既其心不正以归于正，即是精神内守。

何谓心之正位？

《中庸》：

喜怒哀乐之未发，谓之中；发而皆中节，谓之和。中也者，天下之大本也；和也者，天下之达道也。

"中"即内心，即心之正位，不是中间，不是不偏不倚，不是过犹不及，私欲不起处即为"中"，中即是没有私欲之心。婴儿喜怒哀乐纯出天然，无做作，无心机，因其无私欲。人有声色货利之欲望，便产生贪嗔痴爱，如乌云蔽日，暗淡无光，蒙蔽本心。心发动而为意，其意便有正、邪、虚、实、大、小、真、伪等等。有私欲杂念，心不守正，则喜怒哀乐发自私心、私欲、私见，故不得其所，即不中节。"和"，身心合一之谓也。以身心推之天下事，亦如此。天下人亦如人之身心，其有喜怒哀乐，如天有阴晴晦明四时变迁，待时而发，与天道相合，此谓之"和"；若待时而不发，不待时而发，谓之"不和"。

人有喜怒哀乐，然私心、私欲、私见使人心迷失，其喜怒哀乐已发之时遂成忧虑、烦恼、困惑、绝望等等，故不中节，故不和，故可知其心不正。心不能中正则身不修，故"修身在正其心"。正心者，无私心、私欲、私见，无一己之利害得失，以一己之心对天下万物。一有私欲，则所知所见皆偏而不正。若格除此幻妄不实之私欲，即心本具之正知自显，而喜怒哀乐发而皆中节。

诚意

即诚信、诚实、诚敬、诚正，不自欺，亦不欺人，表里如一，始终如一。修身就是修身，无诚意而修身，自欺欺人耳。安分守己就是诚意，有此诚意，则"格物致知"自有所得。

《大学》：

所谓诚其意者，毋自欺也，如恶恶臭，如好好色，此之谓自谦。……此谓诚于中，形于外，故君子必慎其独也。

立志无他，有一诚意则修身万事备矣。修身乃一己之事，故需正念守敬，专心致志，心灵澄澈，无思无虑。诚信即"真其心"，如此则有修身之"形于外"，此谓之"诚中形外"。

《易·乾·文言》释九三爻辞云：

君子进德修业。忠信，所以进德也；修辞立其诚，所以居业也。

进德与修业，内外互成。举凡君臣、父子、夫妇、长幼、朋友诸礼义伦常乃至行政事务，均须基于忠信与诚意。诚意，即真实，士农工商各安其位，安分守己，即诚意。心中别有私见，即是作伪；有所僭越，就是私欲；以私欲而作伪者，其德不得进，其业不得修，其终必败。修身亦是如此，圣人有圣人之圣德，君子有君子之修为，庶人有庶人之伦常，各有其位，各得其所。庶人求圣人、君子之位，则不诚也，何以故？其无圣人之圣德，亦无君子之修为也。

第一章 大学

修身

所谓修身，或深或浅，或大或小，或精或粗，因人而异，端的在其格物、致知、正心、诚意之工夫。修身为进德之事，故"自天子以至于庶人，壹是皆以修身为本"。人生而不同，禀赋各异，智愚有别，然人心之善则一，均可修身发扬而光大之。人各有其位，唯有修身，方可安分守己，各安其位。所谓"君君臣臣父父子子"即安分守己。自天子以至于庶人，人人进德修业，则一家内"和而不同"，家所以为家也；一国内"和而不同"，国所以为国也；普天之下"和而不同"，即天道所以然也。

齐家

"家"者，事亲也。"齐家"者，仁爱治家也。

《易·家人·彖》：
家人，女正位乎内，男正位乎外。男女正，天地之大义也。家人有严君焉，父母之谓也。父父，子子，兄兄，弟弟，夫夫，妇妇，而家道正。正家而天下定矣。

修身

　　家有夫妇，有父母、子女，有祖孙，其有亲情，然各有其分，以孝道治之，大略言之，长幼有序、夫妇有别、父慈子孝、兄友弟恭，此谓"家道"。

　　家为血缘亲情，而孝为治家之本。儒家"仁者爱人"，其有亲近远疏之分，首在亲情之爱，子女之爱，手足之爱，夫妻之爱，父母之爱。上对下是慈爱、关怀、照顾、引导、保护等，下对上的爱是忠诚、信赖、服从、尊敬、谦恭等。有此孝道，则人与禽兽别矣。

　　以孔子仁学，爱始自于亲，亲亲之爱为仁之始，而行仁则自孝悌始。行孝悌就是成德。仁义礼智四德皆本乎亲亲孝悌之情，欲求仁得仁，可从孝悌始，无孝悌则无路可入。如此自亲亲而仁民，自仁民而爱物。故治家以孝乃是修身之要义，其中亦有格物致知正心诚意在，亦是仁学之践履。

《论语·阳货》：
迩之事父，远之事君。
又，《大学》：
孝者，所以事君也；弟者，所以事长也；慈者，所以使众也。
又，《礼记·祭统》：

忠臣以事其君,孝子以事其亲,其本一也。

又,《孝经·开宗明义章》:

夫孝,始于事亲,中于事君,终于立身。

在家为孝,以此养德,忠所以出焉。无孝则忠无以立,人之德行,从"孝"出焉,对兄弟之孝为悌,对朋友之顺为义,恪尽厥职以孝为忠,故众生之爱则为仁。考忠臣必在孝子之家。

《大学》:

所谓治国必先齐其家者,其家不可教而能教人者,无之。故君子不出家而成教于国。

又,《大学》:

一家仁,一国兴仁;一家让,一国兴让;一人贪戾,一国作乱。其机如此。

又,《孝经·开宗明义章》:

夫孝,德之本也,教之所由生也。

又,《孝经·感应章》:

昔者明王,事父孝,故事天明;事母孝,故事地察;长幼顺,故上下治。天地明察,神明彰矣。故虽天子必有尊也,言有父也;必有先也,言有兄也。宗庙致敬,不忘亲也;修身慎行,恐辱先也。宗庙致敬,鬼神著矣。孝悌之至，通于神明，光于四海，无所不通。

孝为一切德行之本，亦为教化之源。事父之孝道通于天，事母之孝道通于地，此即尊天道，推而广之而至于人事，长幼之中，皆顺于礼，化理上下，教化世人。孝悌达到至极，可沟通神明，光辉照耀天下四海，无所不能通达。

治国

国者，国人之公器，唯有德者有之。治国即自亲亲而仁民，为政以仁，公正无私。

《论语·为政》：
为政以德，譬如北辰，居其所而众星共之。
又，《论语·颜渊》：
季康子问政于孔子。孔子对曰："政者，正也。子帅以正，孰敢不正。"
又，《论语·颜渊》：
子欲善而民善矣。君子之德风，小人之德草。草上之风，必偃。

又,《论语·子路》:
苟正其身矣,于从政乎何有?不能正其身,如正人何?
又,《论语·子路》:
其身正,不令而行;其身不正,虽令不从。
政治就是公正无私,公正无私首要正己修德,民信而敬,为政以德,则民心安定,民行正道,故上下同心同德也。

《论语·为政》:
道之以政,齐之以刑,民免而无耻;道之以德,齐之以礼,有耻且格。
又,《孟子·尽心上》:
人不可以无耻,无耻之耻,无耻矣。
凭藉政令、法制治理百姓,固可收一时之效,然其"安分守己"乃慑于强权,只求免于犯罪受惩罚,却无礼义廉耻。如以德引导之,以礼教化之,则百姓知善恶,懂是非,有羞耻之心,如此则且人心向善。
"无羞恶之心,非人也"(《孟子·公孙丑上》),人有耻则能有所不为,如不知耻,任何恶行皆无不可为。羞恶之心为人所固有,然此天良需以教化开发之,发扬之。改过迁善，洁己励行，思学正人，则社会风俗淳朴敦厚，否则世衰道微，国家沦亡。故治国之要务，首要正己修德，民信而敬，如此方可以德引导之，以礼教化之，使民知耻，知有所为，有所不为。

平天下

平天下者，自亲亲而仁民，自仁民而爱物，天下为公。修身乃学做圣人，秉持圣人之教，"明明德于天下"。儒门内修己身，外成教化，有此盛德伟业，故唯有道者之有天下，唯有道者宜处天下，唯有道者可平天下也。

《易·咸卦·彖》：
天地感而万物化生，圣人感人心而天下和平，观其所感。而天地万物之情可见矣。
《易·系辞下》：
天下何思何虑？天下同归而殊途，一致而百虑。天下何思何虑？日往则月来，月往则日来，日月相推而明生焉。寒往则暑来，暑往则寒来，寒暑相推而岁成焉。往者，屈也；来者，信也，屈信相感而利生焉。

第一章 大 学

尺蠖之屈，以求信也；龙蛇之蛰，以存身也。精义入神，以致用也；利用安身，以崇德也。过此以往，未之或知也；穷神知化，德之盛也。

道者，阴阳之道也，天地之道也，化生万物之道也。万物交相感应、殊途同归于大道。所谓人者，气类相感，而有人伦。唯得道者达德者能感人心，原其本，此圣人也。圣人因其无私，故无思无虑，与天下同思共感，与大化流行相通，其德同于天地之道，尽其事理，对天下事物繁杂不可胜数一以贯之，此圣人之道亦不可测度，此谓之"穷神知化"也。所谓"平天下"，即人伦与天地之道相通，故以大道布施仁政，无私而大公，国不以利为利，以义为利，人人不以利争，和睦相处，安居乐业，安分守己，达致大同之仁爱，此即《大学》"止于至善"之境界。

《大学》所阐释者，即修己治人之道。格物、致知、正心、诚意是修身，齐家、治国、平天下也是修身，此"为己之学"乃为提高道德修养，乃至于成圣成德，其功用在安顿百姓，乃至于平天下。

第二章

仁　道

第二章 仁 道

儒家"为己之学"治心修身,在于"求仁"。何谓孔子儒学之"仁"?

《论语·颜渊》:
樊迟问仁。子曰:"爱人。"
又,《孟子·尽心下》:
仁也者,人也。合而言之,道也。

孔子儒学之"仁",指人群之间仁义礼智之关系。一人不成其为人,人之群体使个体成其为人,每个人把自己当成人,也将他人当作人,自己才能够成为人,此即为"仁"。人之所以为人,故有别其他种群。

孔子儒学之"仁",其始于"亲情"。

《论语·学而》载孔子学生有子曰:
君子务本,本立而道生。孝弟也者,其为仁之本与!
又,《孟子·离娄上》:
仁之实,事亲是也;义之实,从兄是也;智之实,

修　身

知斯二者弗去是也；礼之实，节文斯二者是也。
　　又，《孟子·梁惠王上》：
　　未有仁而遗其亲者也。
　　又，《孟子·尽心上》：
　　亲亲，仁也。
　　又，《中庸》：
　　仁者，人也。亲亲为大。
　　又，《大学》：
　　为人子，止于孝；为人父，止于慈。
　　"仁"之本源在于亲亲之情。亲亲之情为人之最本原之关系，而"孝弟"之爱即为最本原之仁。自亲亲之情而有孝悌，孝从亲情出，慈亦从亲情出。所谓"君子务本"，即从亲情始，做到孝悌，仁道从中成长，扩而广之推己及人，由近及远，以至于"四海之内皆兄弟"的广大境地。

《论语·学而》：
　　弟子入则孝，出则悌，谨而信，泛爱众而亲仁。
　　又，《论语·泰伯》：
　　君子笃于亲，则民兴于仁。
　　又，《孟子·梁惠王上》：

第二章 仁 道

老吾老，以及人之老；幼吾幼，以及人之幼。

仁始于亲情之孝悌，由孝悌之仁扩而至于他人，如君臣、臣民、友朋与天下百姓之间，由亲情而至于"泛爱众"之仁。对他人只能是"仁"，而不是"亲"，然仁不尽于亲。仁施之于人，盖人为同类也。

《孟子·尽心上》：

君子之于物也，爱之而弗仁；于民也，仁之而弗亲。亲亲而仁民，仁民而爱物。

儒家仁爱之次序差等，仁有"亲""民""物"之别。对亲人要"亲"，对民众要"仁"，对万物要"爱"。"亲亲"为本源，"亲亲为大"，只有亲爱亲人，孝敬服侍父母，如此方可知亲之所以为"仁"，如此方可推己及人，由亲及疏，由近及远，扩充到社会，做到仁爱百姓，如此才可了解人之所以为"人类"；做到"亲亲而仁民"，进一步推人及物，做到"仁民而爱物"，才能理解人类生存于天地之间。"仁民而爱物"之"物"，即与人之生存相关者，如牲畜、庄稼、禽兽、草木、山川、星辰等等。

孔子仁学的核心是"仁"，即人类作为同类之爱，人与人之间普遍的同情心，相互亲情，相互爱护，此为人之所以为人之根本道理。没有亲亲之情，就没有仁民，而对人类之外如猫狗之类，如器物之属，有所谓的"爱物"，都虚妄不实。

人与人之间共一个理曰"仁"，如：自己所愿，亦愿别人拥有；自己爱惜自己的生命，也爱惜他人的生命；他人的喜乐就是自己的喜乐；他人所不幸，自己亦感同身受，如此等等。此即是"无私"。儒家之"无私"，不是把自己奉献给他人，不是奉献给什么上帝神灵，不是奉献给什么天理真理，也不是无自爱之心，无亲亲之情，而是把自己与他人"一视同仁"，能够同情他人，理解他人，体谅他人。反之则是"麻木不仁"，情不相通也。

儒学之"公"，以人为核心，包括自己在内的所有的人。不是所谓天下万物众生之类，不是天下万物草木禽兽包罗万象。"大公无私"就是以一己之心，一体看待天下之人，没有你我他，只有一个"人"，此"人"即是"仁"，即你我他之"和"。此"仁"不是人人为我，不是我为人人，而是人人和谐地成为一体。天理、天道、良知、仁道、人道，本是一事，终究离不开"人"。

"亲""爱""仁"都是爱，然有差等，亲

第二章 仁 道

为仁之端,爱则以亲推之于众,仁为大公无私。"亲""爱""仁"都是仁,然亲为情,爱为不忍,仁为道。仁统摄仁义礼智,既有情又有理。

故此,追求仁义乃人人本具之性。

《孟子·告子上》:

口之于味也,有同耆焉;耳之于声也,有同听焉;目之于色也,有同美焉。至于心,独无所同然乎?心之所同然者何也?谓理也,义也。圣人先得我心之所同然耳。故理义之悦我心,犹刍豢之悦我口。

人组成人群,其性相近,其自然欲望,如对富贵名利取向,在外物诱惑之下而产生感官之好恶,都是相同的,此为人人皆有之性。人对仁义的追求,在于人同此心,即人有恻隐之心、羞耻之心、辞让之心、是非之心,即仁义礼智之根源与发端。人皆有仁义礼智四善端,但要达到仁义礼智的境界,则需要修身。

《论语·里仁》:

富与贵,是人之所欲也;不以其道得之,不处也。贫与贱,是人之所恶也;不以其道得之,不去也。

人皆欲求富与贵,此欲求在人性之中,然如何得之，大有分殊。君子得富贵以仁以义，小人不择手段，无所不用其极。贫与贱，人所绝弃，然若不符仁义，君子则安守之，小人反是。

《孟子·告子上》：

鱼，我所欲也，熊掌，亦我所欲也；二者不可得兼，舍鱼而取熊掌者也。生，亦我所欲也，义，亦我所欲也；二者不可得兼，舍生而取义者也。生亦我所欲，所欲有甚于生者，故不为苟得也；死亦我所恶，所恶有甚于死者，故患有所不辟也。如使人之所欲莫甚于生，则凡可以得生者，何不用也？使人之所恶莫甚于死，则凡可以辟患者，何不为也？由是则生而有不用也；由是则可以辟患而有不为也。是故所欲有甚于生者，所恶有甚于死者，非独贤者有是心也，人皆有之，贤者能勿丧耳。

鱼为贱，熊掌为贵，若在两者之间选择，取熊掌而舍鱼，自无疑义。生命与仁义均为人之所欲。若两者不可兼得，则取仁义而舍生命。此君子之所为也。人之所以为人，在于人有四善端，有仁有义，无仁义则非人，非人即不把自己当人，不把自己当人即与禽兽混为一谈，若不讲仁义而求生，则与禽兽毫无二致。

第二章 仁 道

杀人越货而求生，背信弃义而求生，卖友求荣而求生，寡廉鲜耻而求生，等等，均与禽兽无异。

君子修身所求之仁义，乃人之所以为人之生命，人之所以为人之根本所在。人有身与心，心为主宰，为仁义之安宅，仁义所由生也。身为承载，受治于心。君子可以谨守此心，不使仁义放逐。君子小人之别，即在于仁义之求舍。

《孟子·告子上》：

仁，人心也；义，人路也，舍其路而弗由，放其心而不知求，哀哉！……学问之道无他，求其放心而已矣。

又，《孟子·尽心上》：

居恶在？仁是也；路恶在？义是也。居仁由义，大人之事备矣。

又，《孟子·离娄上》：

仁，人之安宅也；义，人之正路也。

心为身之主宰，知觉言仁，凡知觉处便有心，无心即是麻木不仁。以追求财货名利身外之物为身家性命，则其心已失。修身就是找回本心，归于仁宅，使仁心自性得以显发。义乃行仁之路，其在脚下。

修 身

《论语·颜渊》：

为仁由己，而由人乎哉。

又，《孟子·离娄下》：

君子深造之以道，欲其自得之也。自得之，则居之安；居之安，则资之深；资之深，则取之左右逢其原，故君子欲其自得之也。

君子修身乃向内求，求放逐之心，求其放心归于仁宅，此乃一己之事，非他人所能成，亦非为他人而成，非巧言令色所能证。修道以仁，其所得即己心之所得，非他心之所得，上下求索，备极心智，则其所得愈深，其内功愈厚，身心融为一体，故于生活日用之间仁义礼智从心里流出，左右逢源，用之不竭。

在心为仁，在性为善，善即为天理，仁即为天理，我自有之，非由外铄。明得此理，则反求诸己，求诸本心，求本心之灵明，求得本心即是不假外求，自作主宰，自我的灵明显现。且人皆有此心，人心皆存仁善，推己及人，人人皆可求得本心而得仁善，人人可为圣贤。

《孟子·尽心上》：

人之所不学而能者，其良能也；所不虑而知者，

第二章 仁 道

其良知也。孩提之童,无不知爱其亲者;及其长也,无不知敬其兄也。亲亲,仁也;敬长,义也。无他,达之天下也。

  人不经学习而能为者,为良能;无须思考而知者,为良知,孝悌即是良知良能。"修身以道,修道以仁",人人有此天生良能,即善之本能,即仁义礼智之本能,即本然之善。良能者湛然虚寂,良知者活泼泼地,刻刻发动。良能须待良知而发用。无良知则良能无所用。良能乃无人不能,良知则人人可有。能者身之能,知者心之知。良能非由心造,为孟子四善端之本体,其出于天者,不系于人,亦可谓"天良"。人不学、不虑时,即本然之色。当下领悟良能即是良知:"仁"乃良能初发为情之"爱";"义"乃良能初发为意之"宜";"礼"乃良能初发为敬之"谦";"智"乃良能初发为知之"慧"。

《论语·里仁》:
有能一日用其力于仁矣乎?我未见力不足者。
又,《论语·述而》:
仁远乎哉?我欲仁,斯仁至矣。
修道以仁并不玄虚,只是发心立志躬行践履之事,念于仁，行于仁，斯仁至矣。仁在生活日用之间，一日用力于仁，再一日用力于仁，坚忍不拔，日积月累，天下归仁焉。

《中庸》：
道也者，不可须臾离也，可离非道也。
所谓"道"者，天理也。仁与天理本一事。言人事，仁也；言天理，道也。仁之为仁，为世间法；道之为道，为无为法。仁之为仁，日用事物莫非此心之用，各因其人，各处其事，于其用处，各当其理，无非仁心是矣。道之为道，存乎一心，天不变道亦不变，道心寂然不动是矣。仁，乃虚灵不昧之内在境界，其中有理，其中有道。修道以仁，最终心灵归于廓然大公，其境界干净清明，于是见道。
道者，其何谓哉？

《易·系辞上》：
一阴一阳之谓道，继之者善也，成之者性也。仁者见之谓之仁，知者见之谓之知，百姓日用而不知，故君子之道鲜矣！
此阴阳之道，即是道，在天为天道，在天地为天

第二章　仁　道

地之道，在人世为仁道。阴阳之道，阴阳互根，无阳则阴无以生，无阴则阳无以化。阳蕴含于阴之中，阴蕴含于阳之中，相互依存，覆阴以抱阳，相互交感，此消彼长，既相反又相通，既分殊又相合，和合交替，继之成之，千变万化，反复迁变，万象之纷纭，一理而融贯，曰"一阴一阳之谓道也"。

阴阳之道在天地万物者，其大小、上下、高低、内外、动静、屈伸、快慢、明暗、清浊、寒热、散聚、虚实，相互抗争，相互制约，其阴阳相反相成，相互推移，相续累生。在人事者，为是非、成败、吉凶、善恶、正邪、生死，如此等等。阴阳为万物之本体谓之"性"，复归此"性"谓之"道"，遵循此道者谓之"善"。

修道以仁，即可通达天道。何以哉？道与仁为一事，修成仁心，即可见道。道者，无思无为，湛然不动；心者，正心诚意，活泼泼地，心与道两相映照。道为何物？存于一心者也。心外无道，心外无理。然人有分殊，修道有深浅，故见地各异，所谓"仁者见之谓之仁，知者见之谓之知"，心所悟道有高下深浅之分殊也。

不修道者，虽在日用视听言动之中而不知。不知者何？不知生死之道。善为生之道，恶为死之道。人皆不离生死之道，人之生因有道而生，人之死因无道而死，此即"不知生焉知死"之谓也。无道者，其生也未生；有道者，其死也未死，可知兹事体大。世人求死者多，求生者寡，"故君子之道鲜矣！"

《易·系辞下》：

天地之大德曰生，圣人之大宝曰位。何以守位？曰人。何以聚人？曰财。

又，《易·说卦传》：

昔者圣人之作《易》也，将以顺性命之理：是以立天之道曰阴与阳，立地之道曰柔与刚，立人之道曰仁与义。

"生"，万物连续不断生成，天地之"德"即为"生"。天地氤氲，万物化醇，此万物之生意。阴阳者，自然变化之道，显发天地大化生生不息之德。仁道亦生生之德，以此观天地大德，"生"之德，即"元、亨、利、贞"。元者，万物之始，乾元，乃天德之大始，万物之生。亨者，万物之长。利者，万物之遂。贞者，万物之成。"元亨利贞"为万物生成，周而复始，生生化化，变化曰新。凡生机勃发之事，都是生德显现。

第二章 仁 道

以人世间而言,人之所以为人,仁义而已,与天地大德同义,即生生不息,凡生生不息都是仁,国泰民安是仁,安居乐业是仁,明哲保身是仁。天地大德与仁道,均为"一阴一阳之谓道,继之者善也,成之者性也"。修道以仁,最终到达至此境界。圣人,修道以仁至精微广大与天地通者,其圣人之位,乃修身而得,非天生有之,其位有使命焉,即施生生之德于百姓安居乐业也。此乃仁道之廓然大公之境界。

《孟子·尽心上》:

万物皆备于我矣。反身而诚,乐莫大焉。强恕而行,求仁莫近焉。

所谓"万物皆备于我矣",通于阴阳之天道,以观人道,融会贯通,天地万物皆与我心相通,天理亦与本心合一。"反身而诚",以仁道观天道,以天道证仁道。

孔子仁学所针对者,乃关于"人"作为类之问题。孟子的四善端,涵盖了"人"类的基本问题。对个人而言,是如何在社会中安身立命;对人群社会而言,是如何相处而达至"和而不同"。

修 身

　　个人安身立命，即发见仁心。儒家之"心"，仁也，义也，仁义礼智也，合而言之，善也。待发见仁心，则与天地宇宙相交通，生活日用上随事用力，及其灵机发动，在在皆仁。仁乃全德，此仁心在焉，境遇千变万化，然其所处事应物之际，无一而非本心之发见。

　　孔子仁学，即以善应万事。天下事纷繁复杂，千头万绪，各有其理。仁道可以归于一理，一理可以涵盖万理，此即"一以贯之"。心住于仁，无所私无所虑，动念均不离仁义礼智。无所私则与天下万物相感，无所虑则"从心所欲不逾矩"。

　　人为天地之心，为万物之秀，为万法之源。心者，天地万物之主。天下之善，无不由是心出。善为天理，仁为天理，天理在人心，自人心所出。此心为人之本心，其乃至善，其为身之主宰，神明出焉。

　　修身即求本心，求本心之灵明。自我灵明显现，直觉观照森罗万象，照见万物天理，如此自作主宰，此即是"为天地立心"。判断善恶是非的根据，无非本心，离此本心，均为妄知妄见。

　　求道无他，直指人心耳。

第三章
功　夫

第三章 功 夫

儒家君子修身以道，修道以仁，要在求"放心"，找回迷失之心。

心何以迷失？人世间有名利，故有名利之争，名利之争乃成利害，于是有恶。人沉溺于名利，必陷于争斗，本心受私心贪欲所蒙蔽，心即迷失，本心之善便不得显发。

名与利乃人世间应有之事，然恶在名利之争。有名利之争则有私心，为外物诱惑而有贪心，为其牵引，人为身外之物疲于奔命，终生奔波，无有已时。人沉溺其中，不能自拔，即所谓玩物丧志。女人易沉溺于物，谓之物欲，或占有欲。男人易沉溺于色，谓之色欲，或性欲。更有权贵与暴富之人，最易熏染浮薄之习，贪图感官享受，炫耀荣华富贵，沉溺声色犬马、灯红酒绿。凡此种种，皆是贪欲，受其牵引最是险恶，作奸犯科多从此出。心即被放逐，身家性命危乎殆哉，而人不自知。

本心受蒙蔽不得其正，情不能守中，而本心之喜怒哀乐，已发之时皆不中节，故成烦恼、怨恨、愤怒、

修 身

忧愁、惶惑、恐惧,不可终日。种种情志痛苦,又引发种种虚妄情态,如自以为是、妄自尊大、盛气凌人、色厉内荏、巧言令色、自欺欺人、疑神疑鬼、心神不宁、自暴自弃,如此等等,日积月累,身心俱毁。

找回迷失之心,唯有修身一途。修身求道,除掉覆盖于本心之屏蔽,使善根显发。修身一分,见本心一分,私心贪欲少一分。修身一寸,见本心一寸,私心贪欲少一寸。私心贪欲乃流俗积习所成,绝非一念可断,即使痛下修身工夫,仍有私心萌动贪欲泛起。故修身乃一生之工夫,须敬持其心,观照本源,锲而不舍,历尽艰辛,几经生死,水滴石穿,豁然贯通。经日积月累之磨炼,覆盖于本心上至屏蔽终必剥落,复见本心,即为觉悟。本心灵明澄澈,照见天理,天下之善,由是心出。本心复见光明,谓之"复性"。以此得道,身有主宰,其力甚大,遇事而不惑,心不随境转,透得过一切顺逆境,不为生死所染,所谓"君子无终食之间违仁,造次必于是,颠沛必于是"(《论语·里仁》),得道也。

修身有诸多功夫,简言之,有诚敬、尊礼、忠恕、博学、慎独、存养、知行。

第三章 功　夫

诚敬

诚，诚挚、诚恳、虔诚、专诚。诚即是"真心""真实""真诚"，发自内心。诚有二义，一为善意待人，二为专心致志。敬，恭敬、庄敬、尊敬、恭谨、端肃、谨慎、严肃、尊重。诚敬，即对修身怀有敬畏之心，时时刻刻收敛自己，不论有事无事大事小事，都谨慎小心，无丝毫松懈放纵，对人对事恭敬有礼。

《论语·宪问》：
子路问君子。子曰："修己以敬。"
又，《礼记·曲礼上》：
毋不敬，俨若思，安定辞。
又，《易·坤·文言》：
君子敬以直内，义以方外。
修身成为君子，乃为人生特重特大之事，故须有敬畏之心，此为立志修身之端始。诚乃立志成为君子，专心致志，内无妄思，警觉私心杂念，念念存天理去人欲。敬是收敛其心，不放荡，不放肆，外无妄动，容貌、服饰、态度、举止整齐严肃，有威仪。诚敬工

修 身

夫首要严肃庄敬，无轻慢之心，行为严谨，自我警醒，无有丝毫松懈，接人待物态度端庄，言辞祥和。

诚与敬内外夹持，表里如一。言"诚敬"即恭敬而专一，心思纯正，专注于本心，不为外物所诱惑，不为私心私欲所牵引，至诚就是一心一意，心中无疑，无私心杂念，不算计思量，利害不留心中，心中无物。无事则心静，心静则神定，神定则气凝，气凝则有正气生焉，如此到无我境界，心境澄然，专静纯一。修身所以可成，皆在于此。

"毋不敬，俨若思，安定辞"是一种修炼。"毋不敬"即凡事敬，对天地万物，对国家民族，对百姓，对先哲长辈良师妻友等等，都持诚敬。所以君子终日惶恐，其任事，终日勤勉，战战兢兢，如履薄冰，如临深渊。言行笑貌因敬而易。君子坦荡，谦谦有礼，所以敬而自尊，俨若有思，文辞从容，话语安和，柔中有刚，正气凛然，处险不惊，处危不乱。

《中庸》：

诚者，天之道也；诚之者，人之道也。诚者不勉而中，不思而得，从容中道，圣人也。诚之者，择善而固执之者也。

第三章 功　夫

春秋夏冬，昼夜昏明，云行雨施，化生万物。生生不息，此即是天道。以人道观之，此天道恒常如一，真实无欺，足可敬畏之，故曰"诚者，天之道也"。人道与天道相应，修道以仁严肃庄敬，自我警醒，无丝毫松懈，一如天道之诚，故曰"诚之者，人之道也"。"诚"者，以其恒常如一，真实无欺，故无思无虑，圣人之德因其至诚，故同于天地之道，与天为一。而修身以"择善而固执之者也"，亦是此理。

《中庸》：

自诚明，谓之性；自明诚，谓之教。诚则明矣，明则诚矣。唯天下至诚，为能尽其性；能尽其性，则能尽人之性；能尽人之性，则能尽物之性；能尽物之性，则可以赞天地之化育；可以赞天地之化育，则可以与天地参矣！

天道之诚，在于其真，其恒常如一，其表里如一，修身亦复如是。人之自心本与天道相合，曰"诚"，本来与天道相通，曰"明"，此乃人之本性使然也，故曰"自诚明"。然人需修身以仁，明心复性，此谓之"教"。"明"（明心见性）与"诚"（一以贯之）反复递进，反身以诚，故曰"自明诚"。唯有天下至诚之人,可尽自身之性,与天道合一,以"仁心"推及于万物,使万物为人所用("能尽其性"),并尽其物用("尽人之性"),此尊天道之用即是"赞天地之化育",进而达至"和"之境界("与天地参")。

人之身心本来合一,与天道相接,此谓之"自诚明,谓之性"。然私欲遮蔽本心,身心分离,故须修身以明心见性,此谓之"自明诚,谓之教"。此"反身以诚"已是修得之"诚",乃为人之所以为人实用其力所使然,"人禽之辨"即在于此。

《中庸》:
诚者自成也,而道自道也。诚者物之终始,不诚无物。是故君子诚之为贵。诚者,非自成己而已也,所以成物也。成己,仁也;成物,知也。性之德也,合外内之道也,故时措之宜也。

又,《孟子·离娄上》:
诚者,天之道也;思诚者,人之道也。至诚而不动者,未之有也;不诚,未有能动者也。

"诚"者,以其无思无虑,无私无欲,故自在自得,此谓"诚者自成"。天道亦无思无虑,无私无欲,故可自行其道,此谓"道自道"。物者,有始有

第三章 功 夫

终，有生有灭，即所谓"成"也。然其为天道所成，故"诚"亦在其中。人事者亦复如是，不诚无人，不诚无仁，是故君子修身尊天道之诚，修道以仁以成己，"成己"亦尊天道以"成物"。成物者，《大学》所谓"明明德"也，"平天下"也。当此之时，即为仁道之大公无私，此心与天道合一，故谓之"合外内之道也"。"成物"乃为"性之德"之大用，所谓"率性之谓道"也。

物本无心，其"诚"乃人之"诚"所与之。以人道体天道，以人心为天地立心，为物立诚，赋予万物以德性，以人性善推及物性亦善。故成己可以成物，唯成己才能成物，成物寓于成己之中。

《中庸》：
  至诚之道可以前知：国家将兴，必有祯祥；国家将亡，必有妖孽；见乎蓍龟，动乎四体。祸福将至，善，必先知之；不善，必先知之。故至诚如神。

"诚"即无私心杂念，"至诚"即自心澄明与天道相通，其有大用，其可通神。其洞察吉凶祸福兴衰先兆，至于出神入化。何谓"神"？"阴阳不测谓之神"。凡后天习得者，如技巧、学问、知识、方法，均非

修 身

"神"也。"神"者，灵也，一念至诚而通天地之道者，其不思而得、不勉而中，见微而知著，气机相感，故可前知。至诚即心体空灵，本自有之，后天失之，修定而复得之。

所谓诚敬工夫，就是精诚专一，驱除妄心妄念，排除疑惑纷扰，专一于自我完善，持之以久，则生发睿智。如此，诚敬不仅是达道的门径，其本身即是达道。

尊礼

儒家之礼，即以"仁"为旨归之礼仪、礼节、习俗，及行为规范。修身由礼而入，学礼、知礼、行礼，视听言动皆不违礼，即是君子修身之工夫。

《中庸》：
仁者，人也，亲亲为大；义者，宜也，尊贤为大；亲亲之杀，尊贤之等，礼所生也。
又，《礼记·郊特牲》：
义生然后礼作，礼作然后万物安。

第三章 功夫

又,《礼记·郊特牲》:

礼之所尊,尊其义也。

礼源于仁与义,以仁义为本。如,"亲亲",亲爱自己的亲人。"亲亲之杀",亲亲有差等,有亲疏、远近,义由此出,如"亲亲为大""父慈子孝""兄友弟悌"等等。仁爱从亲亲始,推而远之以至于他人,世人亦有差等,有上下,有尊卑,义由此出,如"尊贤为大""君义臣忠"。仁为礼之根,无仁则礼非礼也;义为礼之据,无义则礼无所立也。有仁爱之差等,必有其义,故有礼焉。

《易·序卦》:

有天地,然后有万物;有万物,然后有男女;有男女,然后有夫妇;有夫妇,然后有父子;有父子,然后有君臣;有君臣,然后有上下;有上下,然后礼义有所错。

又,《礼记·曲礼上》:

夫礼者,所以定亲疏、决嫌疑、别同异、明是非也。

又,《礼记·哀公问》:

非礼无以节事天地之神也,非礼无以辨君臣、上下、长幼之位也，非礼则无以别男女、父子、兄弟之亲，婚姻疏数之交也。

又，《礼记·昏义》：

男女有别而后夫妇有义，夫妇有义而后父子有亲，父子有亲而后君臣有正。故曰，婚礼者，礼之本也。

男女、夫妇、父子、君臣（上下）等关系，以及因事而具之关系，构成中国文化特有之人伦，如此先有"义"后有"礼"。义者，宜也。规范人伦者即是"义"，有此义则有礼生焉。男女之义为阳与阴，男女有别为和；夫妇之义为生与育，夫妇挚爱为和；父子之义为亲情，父慈子孝为和；君臣之义为上下，君义臣忠为和，如此等等，有如此义则有如此礼，余可类推。反之则无礼，无礼则不和，如同性相交，夫妇反目，父子成仇，君昏庸而臣叛逆。无礼则无是非，无是非则无义，无义则非仁也。

《论语·学而》：

有子曰："礼之用，和为贵。先王之道，斯为美，小大由之。有所不行，知和而和，不以礼节之，亦不可行也。"

又，《礼记·礼运》：

礼义以为器。

又,《礼记·乐记》:

乐者,天地之和也;礼者,天地之序也。和,故百物皆化;序,故群物皆别。

又,《礼记·礼器》:

先王之立礼也,有本有文。忠信,礼之本也;义理,礼之文也。无本不立,无文不行。礼也者,合于天时,设于地财,顺于鬼神,合于人心,理万物者也。

礼其有大用也,其用在"和为贵"。"和"者,阴阳调和之谓也。阴阳调和故能生物,万物"相济""相成",故能丰长也。礼之"和为贵",调和人事之谓也。天下事有分殊,人有差异,差异者如上下、尊卑、贵贱,其不和则必争,争则必乱,乱则穷矣,则家不成为其家,国不成为其国,天下沦丧,人则不成其为人。故先王立礼,即是守义,守义则必尊礼。

《礼记·曲礼上》:

大上贵德,其次务施报。礼尚往来,往而不来,非礼也;来而不往,亦非礼也。人有礼则安,无礼则危,故曰"礼者,不可不学也"。夫礼者,自卑而尊

修 身

人，虽负贩者，必有尊也，而况富贵乎。富贵而知好礼，则不骄不淫；贫贱而知好礼，则志不慑。

礼者，立德也。自天子以至庶人，均应以尊礼为德。尊礼之本义，即谦逊礼让也，无论尊卑贵贱，均应依礼而行，互相尊重，如此，贵者受敬，老者受孝，长者受悌，幼者得慈爱，贱者获恩惠。故礼制秩序含有敬、孝、悌、慈、惠诸德，安人也。或有侮辱、失敬之事，则必因其无礼。

《礼记·曲礼上》：

道德仁义，非礼不成；教训正俗，非礼不备；分争辨讼，非礼不决；君臣上下，父子兄弟，非礼不定；宦学事师，非礼不亲；班朝治军，莅官行法，非礼威严不行；祷祠祭祀，供给鬼神，非礼不诚不庄。

又，《礼记·乐记》：

是故先王之制礼乐，人为之节。衰麻哭泣，所以节丧纪也。钟鼓干戚，所以和安乐也。昏姻冠笄，所以别男女也。射乡食飨，所以正交接也。礼节民心，乐和民声，政以行之，刑以防之。礼、乐、刑、政四达而不悖，则王道备矣。

礼者为义而礼，非为礼而礼，其生于义，其用在

第三章 功夫

求"和"。所谓求"和"者,即尊礼守义也。尊礼者,安分守己而已矣;守义者,道德仁义修养事也。人有纷争,则事有是非,理有曲直,明决是非曲直,依礼而已矣。如此,礼就是"天下为公",缘人情而设,以人之善端而用之,察人之私欲而克之,使放逸之心归于中正平和。如此则成教化。

或问:近现代之法律,其断是非曲直尤其明决公正,远在礼之上,岂非现代法律优于儒家之礼?非也。儒家之礼以仁为根,以义为据,以和为贵,以教为化,以礼为道德仁义修养者,君子也。所谓现代法律,其要在程序公正,无非如此。程序公正于道德仁义之培养、社会公正之施行,以及各种社会暴力之抑制,均无能为力。

《论语·季氏》:

陈亢问于伯鱼曰:"子亦有异闻乎?"对曰:"未也。尝独立,鲤趋而过庭。曰:'学《诗》乎?'对曰:'未也。''不学《诗》,无以言。'鲤退而学《诗》。他日,又独立,鲤趋而过庭。曰:'学礼乎?'对曰:'未也。''不学礼,无以立。'鲤退而学礼,闻斯二者。"陈亢退而喜曰:"问一得三。闻《诗》,闻礼,

修 身

又闻君子之远其子也。"

又,《论语·尧曰》:

不知命,无以为君子也;不知礼,无以立也;不知言,无以知人也。"

又,《论语·季氏》:

不学礼,无以立。

又,《论语·宪问》:

子路问成人。子曰:"若臧武仲之知,公绰之不欲,卞庄子之勇,冉求之艺,文之以礼乐,亦可以为成人矣。"

又,《礼记·曲礼上》:

行修言道,礼之质也。

礼为人禽之分野,德行之依据,故学礼、知礼、守礼乃为儒家君子修身之工夫,君子以礼立身,无论行住坐卧,接人待物,日常语默动静,以及各种生活细节等等,均以礼为据,心意诚正,仪表庄重,言辞安慎,自我检点惕励,自处安适,如此礼修身,则可登堂入室,窥仁学之堂奥。

《礼记·仲尼燕居》:

礼也者,理也。

第三章 功　夫

又，《礼记·乐记》：

礼也者，理之不可易也者。

礼者，其中有天理，而行乎于人道。所谓道者，以人道观天为天理，在人道为仁也，天理、仁道本一事也。于礼而言，仁爱、忠孝、正义、和谐、节制、善美、睿智、虚静、诚信等等，凡出之于仁者，皆为礼之义理，总括之即为天理。凡尊礼者，皆可由此入天理也。事亲时孝为其理，执事时忠为其理，处富贵贫贱时义为其理，处患难时诚为其理，如此等等，礼皆有其义理。时代变迁，礼亦随之变，然其义理不变。尊老爱幼，和睦相处，尊敬师长，谦恭礼让，为人和善，遵守法纪，维护公德，富有爱心，诸如此类，都是知礼尊礼。

君子修身时时事事上皆尊其礼，则可入其理，心存之而以礼守之，此即是于理之发见处下功夫。若此心纯是善，善就是理，不善其必非礼。礼就是理的践行。若此心纯是天理，则尊礼即是随心所欲也。

《论语·子罕》：

颜渊喟然叹曰："仰之弥高，钻之弥坚。瞻之在前，忽焉在后。夫子循循然善诱人，博我以文，约我

修 身

以礼,欲罢不能。既竭吾才,如有所立卓尔,虽欲从之,末由也已。"

又,《孟子·万章下》:

夫义,路也;礼,门也。

《礼记·曲礼上》:

道德仁义,非礼不成。

又,《礼记·仲尼燕居》:

礼乎礼!夫礼所以制中也。

君子修身,其学有《诗》《书》《礼》《乐》等文献典籍,博学于文,则多闻多见,然其践履,最简约最直接者,践行礼也,如此则可恪守仁道而不违。其何故哉?文以载道,礼彰显文中之理,礼之践行即践行文中之理,故礼为修身最为切要之实践。仁为礼之质,礼为仁之文,文质相辅而行,仁与礼浑然一体。仁发于心,自可尊礼,依礼而行,最终成仁,此即所谓"夫礼所以制中也"。仁不发于心,礼便无据,则徒具虚文、虚礼也。

《论语·八佾》:

人而不仁,如礼何?人而不仁,如乐何?

又,《礼记·祭义》:

第三章 功　夫

心中斯须不和不乐，而鄙诈之心入之矣；外貌斯须不庄不敬，而慢易之心入之矣。

尊礼须"仁"在其中。仁者，心中平和怡悦而行止庄敬恭谨，则礼乐入于心也，是真尊礼者也。仁不在其中，其人不和不悦不庄不谨，入心者即散乱、怪诞、浮华、游离，则礼形同虚设也。

《论语·颜渊》：

颜渊问仁。子曰："克己复礼为仁。一日克己复礼，天下归仁焉。为仁由己，而由人乎哉？"颜渊曰："请问其目。"子曰："非礼勿视，非礼勿听，非礼勿言，非礼勿动。"颜渊曰："回虽不敏，请事斯语矣。"

"克己"即铲除己私，以礼为戒，戒私心见诸于视听言动也。礼为正见，谨守本心，保持正知正见，运用与践履正见，就是尊礼。尊礼乃修身之规范，遇私心见诸于视听言动之时，遇善恶是非难以抉择之时，尊礼最为稳当。克己复礼就是以礼"自律""自戒""自省""自责""自讼"。一日克己复礼，一月克己复礼，终年克己复礼，则扫尽人心私欲阴霾，还人心一片明洁天空，天理畅行无碍也。

53

修　身

　　尊礼作为修身功夫，重在求其义，要在以礼为戒。儒家之礼，其义如忠、信、孝、慈、恭、顺、敬、和等等，终究不离一个"仁"字。礼即是仁在日常中的具体实践及修养，亦是天理在人心之流行贯通。

省察

　　省察，即自我警醒，反躬内省，检查自己是否偏于一己之私，自己作为是否得当，是否符合道义，严以律己，时时事事内求此心之所在。

《论语·里仁》：
见贤思齐焉，见不贤而内自省也。
又，《论语·述而》：
三人行，必有我师焉。择其善者而从之，其不善者而改之。
又，《论语·子罕》：
主忠信，毋友不如己者，过则勿惮改。
又，《论语·卫灵公》：
躬自厚而薄责于人。
又，《论语·为政》：

第三章 功夫

吾与回言终日，不违如愚。退而省其私，亦足以发，回也不愚。

又，《易·益·象》：

君子以见善则迁，有过则改。

自满、自傲、自矜乃修身之大敌。茫茫人世，胜我者多矣，可学者亦多矣。有胜我者，则虚心请教，认真学习。不如我者或有之，然可学者亦多矣。他人有缺憾或不足，我自反省，引以为戒。若见不如我者即沾沾自喜，其必不能见胜我者，不见胜我者则必不知己之不足。修身乃一己之学，要在修炼己心，他人或有不如己者，然事不关己，更无关一己之修身，若沾沾自喜，则失为己之学之旨。他人必有胜己者，胜己者即己之不足者，或不省察，亦失见贤思齐虚己向学之义。

《论语·学而》：

曾子曰："吾日三省吾身：为人谋而不忠乎？与朋友交而不信乎？传不习乎？"

省察功夫即扪心自问，必求己身，以儒家仁学诸义检讨自己之言动视听，有则改之，无则加勉。凡有悖于仁义者，必是私心起处，此乃心中贼，当痛下杀

修 身

手，必欲歼之而后快，歼一贼则少一贼。心中贼如影随形，总要穷追猛打，以"你死我活"之志，叩问自心，不留余地。

《论语·季氏》：
君子有九思：视思明，听思聪，色思温，貌思恭，言思忠，事思敬，疑思问，忿思难，见得思义。

"思"就是反省、省察、警策。在行、住、坐、卧时，在生活日用接人待物中，警策自己是否明达通晓，能否分清是非，辨得真假，是否温文尔雅，谦恭有礼，是否忠厚诚恳，是否诚敬认真，是否不耻求教，是否克己奉公、大公无私，戒刚愎自用，戒昏聩蒙昧。戒声色俱厉，戒倨傲不逊，戒巧言令色，戒荒疏怠惰，戒自以为是，戒妄自尊大，戒见利忘义。如此等等。

省察就是直指本心，剖析内心，从自心上下力，心不正则必有所偏，仁义礼智必有所失而不自觉。故省察须在生心动念处下功夫，时时保持对自己内心的警戒，有一念不善，当下便须察觉，当下灭之。私欲来时，要有所省察，不乱方寸，提起正念，化去私欲而身心安然。一事之微，应加精察之功，自修其德。当有痛苦、烦恼、悔恨等，应检查是否有私心私欲。

私心私欲就是污垢,蒙蔽本心,省察就是洗心,时时洗,则身心时时新;日日洗,则身心日日新,如此日积月累,累月经年,择善弃恶、去伪存真,最终发见心性,使之纯净。

《论语·颜渊》:

司马牛问君子。子曰:"君子不忧不惧。"曰:"不忧不惧,斯谓之君子已乎?"子曰:"内省不疚,夫何忧何惧?"

省察的工夫达至仁的境界,即是无私,即是问心无愧。当扪心自问时,上不愧怍于天,下不愧怍于人,何忧何惧之有?

省察功夫其功深大,须心平气和,从容不迫,绵密观照,冷冷自用,日久自见其效也。

忠恕

忠,竭尽心力,对人诚信,大公无私,教人为善,所谓"尽心求诸己"。

恕,推己及人,与人为善,己所不欲,勿施于人,所谓"尽心反求诸己"。

修 身

忠恕，尽心求诸己，尽心反求诸己。

《论语·述而》：
子以四教：文、行、忠、信。

孔门仁学以文、行、忠、信为立教宗旨。文，即诗、书、礼、乐等经典之学习。行，仁道之践履，弘道途径之一。忠，无私心邪念，发自内心之诚志。信，表里如一，以诚待人。不自欺，不欺人，不讹诈，不背叛，不离间，即诚信。此四教者，培养志于道志于弘道之君子，故以文始，"君子学以致其道"（《论语·子张》）。君子弘道，要在"忠"与"信"，弘道之志业，任重而道远，无忠与信则不足以弘道。"仁以为己任，不亦重乎？死而后已，不亦远乎！"（《论语·泰伯》）"学而优则仕"，所谓"优"者，即此四教。无文则其道不远，无行则其道不张，无忠与信，则其道不足以征信也。

《论语·子路》：
樊迟问仁。子曰："居处恭，执事敬，与人忠。虽之夷狄，不可弃也。"

又，《论语·颜渊》：

子张问政。子曰:"居之无倦,行之以忠。"
又,《论语·颜渊》:
主忠信,徙义,崇德也。
又,《论语·卫灵公》:
言忠信,行笃敬,虽蛮貊之邦,行矣!

修德体仁,当以忠信为首要工功夫。忠,尽其心也。尽其心则信实。有忠才能有信,有信才能成事。言有忠信,行能笃敬,则必有厚养。平日起居,需存修身之念,不懒惰、不放肆,时时事事恭谨有加。做事则诚心诚意,不松懈、不怠慢。接人待物要志意专诚,用心不二,信实可靠。身处逆境亦当以忠信为功夫,此愈见修身功力也。

《论语·宪问》:
爱之,能勿劳乎?忠焉,能勿诲乎?
《孟子·滕文公上》:
分人以财谓之惠,教人以善谓之忠,为天下得人者谓之仁。

仁爱需一己之付出,爱世人,则爱其向善也。爱之至为"忠",君子尽忠则尽其心,无其私尽其心而爱其人,故谓之"忠"。故以善教诲之,规劝之,可谓

修　身

"忠"之至也。与人以利可谓之"惠",然此非爱人也,此非忠也。利者无关乎心性,而人生最富有者莫若心之善,故教人从善者为德。为天下求得其人而治天下者,爱天下人而大公也,故谓之"仁"。

《论语·卫灵公》:
子贡问曰:"有一言而可以终身行之者乎?"子曰:"其恕乎!己所不欲,勿施于人。"
又,《孟子·尽心上》:
强恕而行,求仁莫近焉。
又,《孟子·公孙丑上》:
子路,人告之以有过则喜。禹闻善言则拜。大舜有大焉,善与人同。舍己从人,乐取于人以为善。自耕、稼、陶、渔以至为帝,无非取于人者。取诸人以为善,是与人为善者也。故君子莫大乎与人为善。

恕,己所不欲,勿施于人,与人为善。以修身而言,君子所欲所不欲者何?所欲者进德修业,不欲"不知天命而不畏也"(《论语·季氏》),不欲他人以为"难养也"(《论语·阳货》),不欲"喻于利"(《论语·里仁》),不欲"同而不和",不欲"比而不周",不欲"怀土"也,不欲"怀惠"也,不欲"长戚戚"也，不欲"成人之恶"也，不欲"骄而不泰"也，不欲"穷斯滥矣"，如此之"不欲"，皆《论语》所论小人之所欲也。故君子亦喜他人为如此之所"不欲"，此即谓"己所不欲，勿施于人"，此亦可谓"成人之美"也。"与人为善"则有进焉。凡修身已有所得，皆他人所助益，非一己之所能也。如有批评指责，无论对错，皆为他人以"忠"待己，教诲之，开导之，故应"闻过则喜"。如有批评指责，则感恩戴德，无以复加，此又进之。如他人修身有所进益，则闻进则喜，如同己有所得。"善与人同"，则集天下人之善，并以此善与天下人，此圣人也，此圣人之"与人为善"也。故所谓"恕"者，其德甚大，乃仁学至高境界也。

《孟子·滕文公上》：

夫物之不齐，物之情也。或相倍蓰，或相什百，或相千万。子比而同之，是乱天下也。巨屦小屦同贾，人岂为之哉？从许子之道，相率而为伪者也，恶能治国家？

又，《中庸》：

舜其大知也与？舜好问而好察迩言，隐恶而扬善，执其两端，用其中于民。

修 身

人有各色，生而不同，性情、智力、心性即各异，出身、背景、社会地位、经历、见识亦不同。故人各有所欲，各有所能。若以一己之性情、智力、心性、见识、能力，求之于人，求天下人其性情、智力、心性、见识、能力等同无异，则大谬，以此判善恶，其恶必有疑，其善亦为恶；以此治国，则国乱；以此平天下，则天下亡。以此观之，恕道不亦重乎？

《论语·里仁》：
子曰："参乎！吾道一以贯之。"曾子曰："唯。"子出。门人问曰："何谓也？"曾子曰："夫子之道，忠恕而已矣。"
又，《大学》：
是故君子有诸己而后求诸人。无诸己而后非诸人。所藏乎身不恕，而能喻诸人者，未之有也。
忠是仁，恕是仁，忠恕也是仁。忠，"为仁由己"，即"求诸己"。恕，推己及人，与人为善，成人之美，善与人同，即"反求诸己"。以修身而行孔子忠恕之道，不计较得失为善，不争名夺利为善，理解、宽容为善，成人之美为善，助人为乐为善，诸如此类。进而言之，"非诸人"即非善，乃自身未善，乃不与人为善。强加

第三章 功 夫

人以善，已是非善，而集众人之善，是乃大善也。

忠恕之道乃君子修身之用，若以"宽恕""饶恕"、"原宥""忍让"解之，实乃大误。

《论语·宪问》：
或曰："以德报怨，何如？"子曰："何以报德？以直报怨，以德报德。"
怨者，人常有之，然有公私曲直之分殊。因利与情，怨亦良多。以一己之私怨报他人之私怨，则为争斗，小人之为也；以一己之私怨，报他人之公行，则为报复，奸人之为也。宽恕、饶恕、原宥小人、奸人之行，愚人之为也。

以善报恶、以德报怨、以恩报仇，以公报私，不可谓忠厚，不可谓仁义。孔子仁学以为应"以直报怨"。直者，公平正直，不以私害公，不违义理，"公"字当头，不以他人对自己的仇怨为转移。如君父之仇、家国之恨，焉有不报之理？不报则无仁义礼智，不报则非君子。可引狼入室乎？可开门揖盗乎？可认贼作父乎？

德和怨不同。"以德报德"，即以仁德酬报仁德。

受人恩惠，德不可忘，滴水之恩，涌泉相报，此谓"以德报德"。

事有是非曲直，人有仁德奸邪，对人对事，其依据乃仁道之大义。忠恕之道亦复如是。"求诸己"与"反求诸己"之依据乃是仁义，若离仁义，"宽恕""饶恕""原宥""忍让"皆失所据，反之，疾恶如仇乃真善也，

忠恕者何？求诸己，反求诸己。求诸己，成己也；反求诸己，成物也。

博学

人非先知先觉，亦非生而知之，故需学习。人非天生而为君子，亦非生而得道，故更须学习。修身乃为己求道之学，修身之学乃心性之学，其学要在以日积月累之工夫，水滴石穿，直至悟道。

《论语.阳货》：

好仁不好学，其蔽也愚；好知不好学，其蔽也荡；好信不好学，其蔽也贼；好直不好学，其蔽也绞；好勇不好学，其蔽也乱；好刚不好学，其蔽也狂。

第三章 功 夫

人有好仁、知、信、直、勇、刚诸种美德者,然须以学习增进之,成就之,无学则退而成为愚、荡、贼、绞、乱、狂。人固有性之善,然不修身不足以发明之,彰显之。

《论语·卫灵公》:
吾尝终日不食,终夜不寝,以思,无益,不如学也。
又,《论语·公冶长》:
十室之邑,必有忠信如丘者焉,不如丘之好学也。
又,《论语·子张》:
子夏曰:"百工居肆以成其事,君子学以致其道。"
又,《论语·子张》:
子夏曰:"博学而笃志,切问而近思,仁在其中矣。"

君子修身致于学,非求知,非谋身,乃求道也。故其学非知识、非技术,乃为己之学。为己之学首要求道之志,矢志不渝。为己之博学亦需切近身心,以经典之文切近生活日用,举一反三,触类旁通。修身所思宜近,即以学取诸身,针对己身之病痛用功,从

修 身

日用常事去思辩，亦即博学之，审问之，慎思之，明辨之，笃行之，以类推类，举一反三，如修身之推齐家。齐家推之治国，亲亲推之而仁民，仁民推之而爱物，四时阴阳推之而养生，养生推之而修身，修身推之而求仁，求仁推之而廓然大公。博学、笃志、切问、近思，要在于生活日用中体悟，此种工夫即是笃行践仁，即"仁在其中矣"。

《大学》：

物有本末，事有终始，知所先后，则近道矣。

天下之物众多，宇宙星群、人类社会、山川树木、昆虫走兽，其生成、发展、终结，周而复始，相序不息，有道存焉，有德存焉。此道此德于人道，即孔子仁学。大道至简至易，蕴含于万物，唯有德心才能与之相知、相通、相应、相随。君子修身之学，须知物之本末，事之终始，知其周而复始，相序不息。君子博学，须融会宇宙星群、人类社会、山川树木、昆虫走兽内涵之道而一以贯之，则学成矣。

《论语·为政》：

子曰："由，诲女知之乎？知之为知之，不知为

第三章 功　夫

不知，是知也。"

为己之学就是求己心，知，即了悟修证的境界，知之为知之，不知为不知，不可自欺欺人。修身到一新境界，疑惑亦随之增多，益觉修身之学浩瀚无涯其无止境，其所"知"愈少，"不知"愈多，然此中有智慧生出，"是知也"，是真知也。

《论语·述而》：
吾非生而知之者，好古，敏以求之者也。
又，《论语·学而》：
君子食无求饱，居无求安，敏于事而慎于言，就有道而正焉，可谓好学也已。
又，《论语·述而》：
多闻，择其善者而从之，多见而识之，知之次也。
又，《论语·卫灵公》：
子曰："赐也，女以予为多学而识之者与？"对曰："然，非与？"曰："非也，予一以贯之。"

博学不是要上知天文、下知地理，不是做考据训诂，也不是积累科学知识或技术，而是"就有道而正焉"。求道在于"致知"，通解天下万物之理，以一道对天下万物，此即孔子所说"予一以贯之"。博古是

修身

为了通今,广见博闻乃借鉴千万人的经验,融会之,贯通之,通达于万物。博闻多识无所谓善恶,但其用则有善恶。博闻多识是为了"择其善者","择其善者"在于仁心,从善如流就是修身。

《论语·雍也》:

哀公问:"弟子孰为好学?"孔子对曰:"有颜回者好学,不迁怒,不贰过。不幸短命死矣,今也则亡,未闻好学者也。"

《论语·雍也》:

子曰:"君子博学于文,约之以礼,亦可以弗畔矣夫!"

又,《论语·学而》:

弟子入则孝,出则弟,谨而信,泛爱众而亲仁。行有余力,则以学文。

又,《论语·学而》

子夏曰:"贤贤易色;事父母,能竭其力;事君,能致其身;与朋友交,言而有信。虽曰未学,吾必谓之学矣。"

"有颜回者好学,不迁怒,不贰过",可知孔门之学乃"进德修业",修身事也。进德修业即仁学之践履,故修身之学，先学会侍奉父母，顺敬长辈和兄长，谨慎而诚信，惠爱大众，亲近仁德之人，此乃进德修业之端也。

慎独

慎，持守、敬持、谨慎、谨顺。独，本心之独处。慎独，谨守本心，保持正念，警觉私欲及邪念。

《中庸》：

天命之谓性，率性之谓道，修道之谓教。道也者，不可须臾离也，可离非道也。是故君子戒慎乎其所不睹，恐惧乎其所不闻。莫见乎隐，莫显乎微。故君子慎其独也。

道在生活日用之间，在一己身家性命之中，故道不可须臾离也。然何以体道？道也者，其无体无形（"所不睹"），无声无臭（"所不闻"），其隐微，其幽眇（"莫见乎隐，莫显乎微"），稍纵即逝，唯心于湛然寂静或可体察。君子修身，当心专于一，持敬谨守，其道自现，若本心散乱漂移，其道自隐。何以故？道在此心，心外无道。故君子戒慎恐惧，时时克念内

修　身

心之诚，"战战兢兢，如临深渊，如履薄冰"，此谓之"慎独"也。

《大学》：

所谓诚其意者，毋自欺也。如恶恶臭，如好好色，此之谓自谦，故君子必慎其独也！小人闲居为不善，无所不至，见君子而后厌然，掩其不善，而著其善。人之视己，如见其肺肝然，则何益矣。此谓诚于中，形于外，故君子必慎其独也。

所谓"诚"者，无思、无虑、无私、无念，无为自有为，人道之"诚"，出自本心，自本然也。如腐秽之味人皆厌恶，美好之物人皆喜爱，此即是"诚"，就是不自欺不欺人。有人为不善，欲掩其不善，即是不诚。故君子修身，当谨守内心，其"诚"乃然。战战兢兢为"慎"，专一内守为"独"，"诚于中"也。

"慎独"就是内心专一，戒慎恐惧，时时省察和观照内心，体悟天道。守住心，才能开出智慧，体悟天道。守不住心，即是在深山老林，即使闭关，也仍然心猿意马，杂念丛生，无"诚于中"，徒有"形于外"也。

如何"守心"？一念之萌心下自知即是守心，心

第三章 功 夫

中无事即是守心,心无旁骛专于一即是守心,行行念念都在心上即是守心。所谓"守心"亦有境界不同,愈深入境界,愈明澈澄静。修身若无谨慎、尊重、谨顺、诚敬之义,则此心失守。

碌碌红尘中,慎独最难。世俗之心,人皆有之,而君子之慎独,世所稀有,故可称"贵"。自尊故贵,修行者应特为珍重。

存养

存养即存心养性,对善性体会之,把握之,保持之,涵养之,培育之,坚固之,扩充为浩然之气。

《孟子·尽心上》:
尽其心者,知其性也。知其性,则知天矣。存其心,养其性,所以事天也。夭寿不贰,修身以俟之,所以立命也。

"尽其心,知其性也"。体察、悟觉到自己的本心,其中有仁,其中有善,此即为人性之善。此天赋善性,植根于人心中,人或有不知,故须体察、悟觉,见到本心,则人性之善自然显露。

修 身

"知其性,则知天矣"。天,人心性之来源。"我"之所以为我,乃天赋也。知我本性之善,即当知其乃天之所赋。"知其性"乃知"我"所以为我;"知天"则知我之性所以为善性,知仁义礼智所以为天理也。

"存其心,养其性,所以事天也"。发见本心则本具之德性自然呈现。然本心或被放逐,而发见本心或于一时一事,稍纵即逝,本心复被蒙蔽,呈现之德性仍可得而复失。故觉悟之心仍须保存之,养护之,而已见之善性当涵养之,坚固之,如此即是天理,如此即是"事天"也,亦即遵循天道,奉承天道,谨守以天之所赋予"我"者,即本心之灵觉,本性之仁善。

《书·大禹谟》:
> 人心惟危,道心惟微。

人固有善性良知,然人或受外界熏染,或为欲望诱导而生出妄心、私心、贪心,欲壑难填,其如洪水猛兽,本心常被吞没。人心被财色名利所纠缠,恨怨交炽,苦恼永无尽期,故曰"人心惟危"。道心者,人心与天道相通者是也,其公而无私,与人为善。道心者,人之自我主宰者也。人心觉醒时道心存,人心蒙昧时道心亡,故曰"道心惟微"。私心豢养一切恶,故危；道心在人心之微处，人或不察不觉，故微。

《孟子·尽心下》：
养心莫善于寡欲。其为人也寡欲，虽有不存焉者，寡矣；其为人也多欲，虽有存焉者，寡矣。
又，《孟子·离娄下》：
君子所以异于人者，以其存心也。君子以仁存心，以礼存心。

身之主宰便是心，此心可感天地、通鬼神、知万物。心若不存，一身便无主宰。心性本净无染，为善。心感于物而动，则易为世间功利物欲所污染，为恶。物欲多则减损本性，人欲无节则为外物所诱惑，以致心性蒙蔽，不与天理通，天理灭矣。天理灭则人欲炽盛，终至物极必反之局。

人常善心发现，惜把持不住。存养就是护持善心。护持善心在于寡欲，寡欲在于收敛身心，防私欲于未萌之先。善心之发明，或在微处，稍纵即逝，或逐渐消磨。故善心一经发明，当即摄住，勿便失忘，所有的念头都在此一点微茫之善心上，于心静处体悟此仁、此善、此德性，如此涵养之，培育之，长久以往，节欲、寡欲以至于无欲，心无欲则心静，回复清净本性，

修　身

固守真心，物我两忘。心静则寂然不动，不动者，心体大公无私之本然也，廓然大公则心善万物，情顺万事。如此既是天道。

《孟子·公孙丑上》：
（公孙丑问曰）："敢问夫子恶乎长？"曰："我知言，我善养吾浩然之气。""敢问何谓浩然之气？"曰："难言也。其为气也，至大至刚，以直养而无害，则塞于天地之间。其为气也，配义与道；无是，馁也。是集义所生者，非义袭而取之也。行有不慊于心，则馁矣。我故曰'告子未尝知义'，以其外之也。必有事焉而勿正，心勿忘，勿助长也。

人有正气，存心养性而成浩然之气，其宏大刚强，充满天地之间无所不在。此何意哉？身心合一与天道相通也。此浩然之气与仁义相和而生，仁义少则此气弱，仁义无则此气亡；心不守正此气衰，仁义长则此气强。所谓存养，即人之正气，以仁善呵护之，涵养之，坚固之，集仁义于一心，日积月累，而成浩然之气。反之，人心有亏，不能心安理得，正气则亏虚萎缩。

要言之，天理与私欲不两立，私欲多则天理少，

第三章 功 夫

私欲满则天理亡。反之亦然。私心当家，则私欲泛滥；道心做主，则公而无私。存养即从细微一念处道心隐微处下功夫，养护性之善端，发明道心，并时时把持之，不使蒙昧和遗失，则可涵养正气成浩然之气也。

知行

儒家君子修身，躬行践履，实践修身，此即知行，为修身最上乘功夫。

《论语·学而》
子曰："学而时习之，不亦说乎？"
习，身体力行其学，实证所学之理，有所体验与增益，故不亦乐乎。
为己之学不是知识和学问，不是推理演绎，也不是枯坐冥想，而是在日用生活中切实力行以体验之，实证之。知在行中体验，行在知上增益，身心实证，相互渗透，此为知行合一。
儒家君子修身，不在书斋之中，不在深山老林，而在人世间，在饮食起居行走坐卧生活日用之中。修身要在人世间磨，在生活日用上磨，在喜怒哀乐中磨，

修 身

在自身烦恼中磨，修身和世间打成一片，自身和社会打成一片。

离人世间，离生活日用，即无所谓仁义，修身便成空谈。所谓看破红尘，乃是虚话。修炼有所谓出世间，或所谓避世，或所谓修真，此非儒家君子修身。君子修身当在红尘之中。何以故？私欲私心在红尘中生，当在红尘中灭。深山密室不生私心，故无可灭处。其无善恶，亦不见仁心。单独一人不成仁，无所谓仁。仁心之显发，必在世间红尘，故红尘就是下功夫处。

人之七情六欲，皆为修身之所依据，怨、恨、烦恼等，正是修身用力处。烦恼愈多，则用力愈大。用力越大，则本心愈可显现，觉悟境界愈高。修身没有诀窍，无非磨炼而已。以七情六欲在世上磨，在事上磨，磨掉私心，如争斗心，贪欲心，妄想心，才可能增进仁心，如平常心，安详心，从容心，清净心。经历过跌宕起伏之人，经历过生死存亡关头的人，更易放下身外之物，更易审视内心，更易思考生命，其"放心"越可能被寻回。寻回"放心"，既是明心见性，如此则私心不生，私欲不起，如此则见仁心。

仁义礼智乃人世间之实践与修为，在世上磨，在

第三章　功夫

事上磨，在升沉荣辱生死存亡种种境遇中磨炼，每做一事，不离道，再做一事，又不离道，以致事事皆不离道；心有所悟，存一分道，再有所悟，再存一分道，以致此心无非是道心。仁义礼智未经世间磨炼，仍是一纸空文，非真知也。

修身的知行，就是身心体证。无论修身有多少法门，总要得到身心的切实感受。无身体力行证其所知者，非真知也；无觉悟之知以参证其行者，非真修身也。有仁义礼智之心，必有仁义礼智之行。仁义礼智没有融入身心，则无非空名而已。只有知行合一，身心体证，才算真正悟道。知和行本来合一，知为体，行为用，心为体，身为用，道心为体，人心为用，体用不二。

《论语·卫灵公》：
君子义以为质，礼以行之，孙以出之，信以成之。君子哉。

义为知，礼为行；义为心，礼为身；义为体，礼为用，此知行体用互相参证，既非"先知而后行"，又非"先行而后知"。知，知觉，感悟，慧觉，总不离心。行，为知之体证。儒家仁义礼智未有知行功夫

修 身

时仍是名相，而身体力行时则为身心体用之修养。如儒家孝道，子女应孝敬父母，弟弟应尊敬兄长，如此等等，凡不行孝道，就是不知孝道，未具孝道之善。

《论语·子张》：
学而优则仕。
《论语·微子》：
不仕无义。……君子之仕也，行其义也。
为己之学为身心之修养，修身则为行仁，此亦是知行合一。君子之践履、笃行、出仕，均为弘"道"、践"仁"和行"义"，修道以仁与躬行实践仁义礼智并行。"君子之仕，行其义也"，亦即践履"天下为公"之仁，此为修身最上乘工夫，亦是"知行"最上乘境界。只修诚敬、尊礼、省察、忠恕、博学、慎独、存养，没有知行，功夫还不圆满，身心还不通透。

笃信仁道，以诸种修身功夫身体力行之，就是一以贯之，就是知行合一。儒家之德性，如仁、义、礼、智、信、忠、孝、敬、诚、畏、温、良、恭、俭、让，既是义理，又是修身功夫，其何故焉？知行也，身心也，体用也。无其行，则不明其知；无躬行践履，则

第三章 功　夫

不知其心所在。人之心性之体寂静，然活泼泼地充满生机。待此仁心发用，则为践履。

以上诸种修身功夫并无次第，可同时着力，要在破除一切私心、妄心，守住本心，涵养德性。

诚敬以"立志"为功夫，静息妄心，以求道之宏愿，时时事事安定此心。

尊礼以"克己"为功夫，约束行为，不使率性而行，反求诸己。

省察以"自省"为功夫，以仁义礼智滤除私心，灭心中贼于当下。

博学以"致知"为功夫，举一反三，触类旁通，打通我、人、物。

忠恕以"求己"为功夫，我心与他人之心相和合，以"不和"反求诸己。

慎独以"守心"为功夫，以心智之精纯，体悟道之隐微。

存养以"静虑"为功夫，以寡欲以至于无欲，观照此心，培植正气，以至于身心合一。

知行以"践履"为功夫，与世间打成一片，于生活日用中，于一思一念间，于一事一遇时，行仁义礼

修 身

智,日有所为,日有所增。

修身没有密法,只能脚踏实地,千言万语,只在一个"诚敬",没有诚敬,即无立志,修身功夫便流于"为人之学",均无修身之效用。

所有修身功夫都是修证功夫,可归结为一个字:心。修身要在一"心",不离于一"心",心定于一处,安于一处。在人世间声色名利场中,尤其要知心在何处,均要守住本心。

心所对治者,私欲也,即对财色名利之追求,对感官享受之追求。人有欲望,故习气易沾染而难去除。修身功夫便是从点点滴滴、时时刻刻入手,坚持不懈地"存天理灭人欲",以绵密的反照功夫,找回失落之心而守护之。

身心之仁境非推究而来,非冥想而得,亦非博览群书可知,需在生活日用中实修实证,不习则不得,不为则没有,功夫下到了,自有效验。然修身非一日之功,乃为一生之事,学者须敬守此心,不可急于求成,栽培深厚,涵泳于其间,自有其得,而乐在其中也,其乐远甚于财色名利之享受。

《论语·述而》:

第三章 功　夫

饭疏食饮水，曲肱而枕之，乐亦在其中矣。不义而富且贵，于我如浮云。

又，《论语·述而》：

发愤忘食，乐以忘忧，不知老之将至云尔。

又，《论语·雍也》：

贤哉，回也！一箪食，一瓢饮，在陋巷。人不堪其忧，回也不改其乐。贤哉，回也！

世俗以为苦者，如生活艰辛，劳作繁重，日用拮据，而于君子修身而言，心苦才是真苦，真苦在于求真心而不得。"富且贵"不足以安身立命，更何况"不义而富且贵"？修身则日有增益，时有悟处，随意自在，故有终身之乐。君子非无忧也，其志在天下，其忧在国家、社稷、生民也。君子忧国忧民，为天下而忧，此"忧"亦是乐也，此志终生不移不悔，故此乐常在。君子之"忧"在修身，君子之"乐"在得道。

《论语·雍也》：

知之者不如好之者，好之者不如乐之者。

又，《论语·先进》：

莫春者，春服既成。冠者五六人，童子六七人，浴乎沂，风乎舞雩，咏而归。

修　身

　　修身乃自得其乐，此为真乐，其非刻意为之，乃从身心自发而生，如对人生之感悟、对自然、对一草一木、对四时变幻、对山水、对人事之美、对良辰美景，忘乎所以欣赏之，自得之，愉悦之，此所谓"乐之者"。君子以修身为乐，不以为苦，不以为累，不以为是戒律，不以为是桎梏，此中之乐，非此中人所能知也。

第四章
立 命

第四章 立 命

人之生死、寿夭、祸福、穷通、贵贱之类，或其有不可知者，或其有不可为者，故其有不可求者。"自天子以至于庶人，壹是皆以修身为本"，故人人皆有立命之义。君子修正其身，而后立其命，此即君子之有可知者，有可为者，有可求者。

《论语·颜渊》：
子夏曰："商闻之矣：死生有命，富贵在天。"
又，《孟子·万章上》：
莫之为而为者，天也；莫之致而至者，命也。
《中庸》：
天命之谓性。
又，《易·乾卦·彖》：
乾道变化，各正性命。
性者，生也。生即是性，性即是生，禀赋生而有之谓之性。人之性乃天所赋予，即一切善良之性，故曰"天性"。然人之禀赋千差万别，有智愚、急缓，又受习气所拘，故有善恶之分，君子小人之别。又则，

修 身

人之生死、寿夭、祸福、穷通、贵贱之类，此不可为之者也，即"莫之致而至者，命也"。君子尽其性，尽其心，而小人为物欲所蔽，善良之性不得复明，此谓"乾道变化，各正性命"。是故，不知其性所自者为"命"也。

《孟子·尽心下》：
　　口之于味也，目之于色也，耳之于声也，鼻之于臭也，四肢之于安佚也，性也，有命焉，君子不谓性也。仁之于父子也，义之于君臣也，礼之于宾主也，知之于贤者也，圣人之于天道也，命也，有性焉，君子不谓命也。
　　仁义礼智内在于性，然未必人人得知，求之则有，不求则无，求之者为君子，不求之者为小人。故仁义礼智之得失，非命也，乃人事也。感官享受及福禄寿喜财之欲望，亦出于性，人所俱有，无须多论，然求之或可得或不得，有可为者，有不可为者，故福禄寿喜财之得失，命也。然仁义礼智为身心之内在者，乃可欲者，可求者，故为善；而福禄寿喜财乃身外之物，无关人性之善，乃不可欲者，若财色名利陷人于不义，则为恶。

第四章 立 命

《孟子·尽心上》：

夭寿不贰，修身以俟之，所以立命也。

又，《中庸》：

上不怨天，下不尤人，故君子居易以俟命，小人行险以徼幸。

君子修正其身，以待天命。君子之所可知者，所可为者，所可求者，天命也。不修身则不能尽其心，不能尽其心则不能知其性，不能知其性则不能通天道，不通天道则无以知天命，不知天命则无以立一己之命。君子以身心奉承此天命，操持本心、涵养善性，践履德行，此为君子之"立命"也。

何谓君子之天命？

《论语·尧曰》：

不知命，无以为君子也；不知礼，无以立也；不知言，无以知人也。

《孟子·尽心上》：

莫非命也，顺受其正；是故知命者不立乎岩墙之下。尽其道而死者，正命也。桎梏死者，非正命也。

又，《易·说卦》：

和顺于道德而理于义，穷理尽性以至于命。

修　身

天"生生"大德下贯于人，有性焉，乾道变化，有命焉。天人相贯通，或曰"天命""正命""慧命"；天人不贯通，则有逆天之命，不正之命，不慧之命。人尽其性则上达于天，此为天命。穷理尽性而死守道义顺应命之正途（"顺受其正"），即是正命。反之，不修身则不能穷理尽性，于祸福、吉凶、穷通、贵贱以至于生死等，其所为不通理，不见性，故其命也侥幸。或逆天，或不正，或不慧。

知其性为天赋者且自知可求者、可欲者为天命。何以故？唯修身可以去除蒙蔽心灵之污垢，使本性复见光明，此谓之"复性"。"复性"即可了知自身性命，故曰"不知命无以为君子"。所谓"知天命"，即知己之所以然者，顺受之，顺守之，明哲保身亦在其中，故君子无义不涉险犯难，其生死唯道而已矣。人道不可违者为义，天道不可争者为命。

《易·系辞下》：
往者，屈也；来者，信也。屈信相感，而利生焉。尺蠖之屈，以求信也；龙蛇之蛰，以存身也。精义入神，以致用也；利用安身，以崇德也。过此以往，未之或知也。穷神知化，德之盛也。

第四章 立 命

尺蠖屈体以求伸展,龙蛇冬眠以存其身,君子安顿身心(安身)求其"伸",求其存,又求精研义理入神以致用,其用崇德弘道也。"穷神知化德之盛"者,圣人事也。

君子有大用,然须自安其身,身既得安,则利益其所用,身有所患则心不安,心不安则身屈不得伸,蛰伏不得存。

《论语·卫灵公》:

志士仁人,无求生以害仁,有杀身以成仁。

又,《论语·泰伯》:

笃信好学,守死善道。危邦不入,乱邦不居。天下有道则见,无道则隐。邦有道,贫且贱焉,耻也;邦无道,富且贵焉,耻也。"

又,《孟子·尽心上》:

故士穷不失义,达不离道。穷不失义,故士得己焉;达不离道,故民不失望焉。古之人,得志,泽加于民;不得志,修身见于世。穷则独善其身,达则兼善天下。

又,《孟子·尽心上》

天下有道,以道殉身;天下无道,以身殉道。未

修　身

闻以道殉乎人者也。

又,《孟子·告子上》

生亦我所欲也,义亦我所欲也,二者不可得兼,舍生而取义者也。生亦我所欲,所欲有甚于生者,故不为苟得也;死亦我所恶,所恶有甚于死者,故患有所不辟也。如使人之所欲莫甚于生,则凡可以得生者,何不用也?使人之所恶莫甚于死者,则凡可以辟患者,何不为也?

君子以义安身,即以义对生死、寿夭、祸福、穷通、贵贱等境遇。

临害临利,以义趋之避之,得其时则动,不得其时,慎独有守,知命也。

义所不可者,不趋不避,临难不苟免,舍生以取义,知命也。

道义可则可,道义不可则不可,知命也。

尽其心者,其可而为之,其不可亦为之,知命也。

君子知天命,天命在君子。仁义礼智(道)为君子之身心,即为君子之性命,天地万物人为贵者,君子以为仁义礼智为人之贵者。君子舍生取义,盖因仁义礼智为道不可须臾离也。身与心,取心而已。君子明于自性,知自贵于物,心贵于身,故"舍生取义"亦是"明哲保心"也。

第五章
中庸之道

第五章　中庸之道

君子修身而明心见性，其有大用，以其无私，心在正位，与道心合，用事得其宜者，中庸之道也。

何谓中庸之道？

《中庸》：

喜怒哀乐之未发，谓之中，发而皆中节，谓之和。中也者，天下之大本也；和也者，天下之达道也。致中和，天地位焉，万物育焉。

喜怒哀乐乃人性之情，其未发之时在心之正位，谓之"中"，因感而发得其宜即"中节"，此谓之"和"。以人而言，心为中，人之大本；以天下而言，道心为中，天下之大本。得其正位谓之"中"，可曰"中正"。此"中"非"中间"，非"中央"，非"不偏不倚"。人守其心即得正位，天下守天道即得正位，均可谓之"和"。

"和"者，阴阳相济也。以用事而言，阴阳相推流转有"天时""地利""人和"。天时者，阴与阳；地利者，柔与刚；人和者，仁与义。"天时""地利""人和"之流转变化即是"几"。阴阳相济则亨通、发达、繁茂,即"中和"。

中庸之道亦可谓之"中和之道",要在用其心以知"几"。几者,玄机也,物将动未动之处,事将变未变之时,鬼神之不测者,生物之不测者,人事之不测者。"几者,动之微,吉之先见者也。"(《易·系辞下》)心可知"吉之先见者"。君子守心,随时而中,故可以知"几"也。其何故哉?其心无思无为,寂然不动,一以贯之,如此感通天下万物,治事则知几而用之。

《孟子·尽心上》:

杨子取为我,拔一毛而利天下,不为也。墨子兼爱,摩顶放踵利天下,为之。子莫执中;执中为近之。执中无权,犹执一也。所恶执一者,为其贼道也,举一而废百也。"

又,《中庸》:

舜其大知也与,舜好问而好察迩言,隐恶而扬善,执其两端,用其中于民,其斯以为舜乎!

杨子"拔一毛而利天下不为也"是一端,墨子"摩顶放踵利天下为之"是一端,取两者之(中)间其竟在何处？取此处或彼处其有何据？其利弊得失究竟如何？取中（"执中"）仍是固守于一（"执一"），其"和"何在？

帝舜"好问而好察迩言，隐恶而扬善，执其两端，用其中于民"（《中庸》），如何执"隐恶""扬善"之两端而用"中"？

"质胜文则野，文胜质则史，文质彬彬，然后君子"（《论语·雍也》），如何执"文"与"质"两端便使"彬彬"？

文治、武功为两端，礼与刑为两端，治事如何取其中，如何求其和？

"中庸"非中间，非两者之间，非"不偏不倚，无过不及"。"执两用中"，非执其两端而求其"中（间）"也。中庸之道乃执其两端知其"几"而求其和者也。

《论语·子罕》：

吾有知乎哉？无知也，有鄙夫问于我，空空如也，我叩其两端而竭焉。

中庸其为道，其也难说，其也难论，其空空如也，不落言筌。其用则叩其两端。两端者，因事而异，有

修　身

善恶之两端，吉凶之两端，利弊之两端，福祸终始之两端，本末之两端，上下之两端，内外之两端，祸福之两端，荣辱之两端，生死之两端，进退之两端，义利之两端，如此等等。叩其两端，即追问其"和"，即如何求而得其"善"，得其"吉"，得其"利"，偏于一端则有恶，有凶，有弊，有祸，如此等等。如何为"竭"？求和为竭。

《书·大禹谟》：
人心惟危，道心惟微，惟精惟一，允执厥中。
人有私心而犹如涉险，有忧患则悬疑不定，故人心难测，此即"人心惟危"。道心，人心之大公者，人人有之，然其无声无臭，微妙而难显。治天下要在治人心，使人心归于道心故而不危。如此治世则需专诚守一，精微入神（惟精惟一），如此知人心之危及所以危，知道心之微及所以微，以专诚守一之道心（中）见几而用之（允执厥中），此"允执厥中"即是中庸之道。

《中庸》：
中庸其至矣乎，民鲜能久矣。

第五章 中庸之道

又,《中庸》:

君子中庸,小人反中庸。君子之中庸也,君子而时中;小人之中庸也,小人而无忌惮也。

中庸乃至高之德行,其有大用。"中",心之正位,与道心合。"庸",用也,劳也。中庸,用其中也,用其心也。中庸之道,以心守正位而用事之道。君子之所以为中庸者,以其能守其心也,心无时不在正位,故君子用心则无时不中(的)。小人用其心,其心有私,漂泊游离,放逐无守,故恣意妄行,无所忌惮。

《中庸》:

道之不行也,我知之矣。知者过之,愚者不及也。道之不明也,我知之矣。贤者过之,不肖者不及也。

道者,天道也,仁道也,其用则中庸之道也,然则非有大仁者不能用之。智者以为"道"为权变之术,过矣;愚者不知有道存焉,不及也。中庸以仁道为本,知之者甚少,贤者以为人道关乎治心无关乎治世,过矣;不肖者以为治世无关乎治心,不及也。

中庸之道无关乎知识、权术,以正心用"几"而已矣。事有两端,其用有所宜,得所宜(义)者则为

修 身

中，其所中节（应几）者即为和。中庸之道乃以正心（中）治世求和之道，皆在一心之用也。

  中庸之道最难，唯得道君子可为之，小人不能也。心之正位为中庸之本，若源头不清，则失之毫厘，谬之千里，流变为权术、诡计之类，大道失矣。且问如何是源头，本心是也，问如何是用，见"几"者也。

第六章

心 易

第六章 心 易

君子修身，自求己之善性，其工夫变动不居，刚柔相易，唯变所适，此岂非易乎？

阴阳动静其有几也，修身工夫不失其时，所以致其功，所以守其心，所以致其善，所以合其道也。阴阳错杂纷纭变幻无穷而心不动，此岂非易乎？

君子之明明德，心自明之也。

第一《乾卦》，乾下乾上。

《易·乾卦》：

乾：元，亨，利，贞。

《彖》曰：大哉乾元，万物资始，乃统天。云行雨施，品物流形。大明终始，六位时成，时乘六龙以御天。乾道变化，各正性命，保合太和，乃利贞。首出庶物，万国咸宁。

《象》曰：天行健，君子以自强不息。

天道健而无息，有元亨利贞四德。君子修身以象天道。元，修身以身心合一也；亨，进德修业也；利，爱民并推及天下万物；贞，成己成物也。

修　身

君子人者，韬光养晦以修身，潜修己德以待时也；亲近大德之人以被其泽；诚敬、省察、慎独、存养、知行诸种工夫日夕不懈；不求名，不求利，洁身自好，知进退存亡，死守其道，其可大用也。

第二《坤卦》，坤下坤上。
《易·坤卦》：
坤：元亨，利牝马之贞。君子有攸往，先迷，后得，主利。西南得朋，东北丧朋。安贞吉。
《彖》曰：至哉坤元，万物资生，乃顺承天。坤厚载物，德合无疆；含弘光大，品物咸亨。牝马地类，行地无疆。柔顺利贞，君子攸行。先迷失道，后顺得常。西南得朋，乃与类行；东北丧朋，乃终有庆。安贞之吉，应地无疆。
《象》曰：地势坤，君子以厚德载物。

君子修德，初也至微，也柔也顺，德之始生，积累日厚，默化潜移，则以时而发，不失其宜也。然君子不以为有德，不以为有美。或使有大用，亦当守中居下，戒慎恐惧，谨慎谦卑，以深厚之德，容载庶物，或至极盛，必也顺天道以善始善终。

第六章 心 易

第三《屯卦》,震下坎上。

《易·屯卦》:

屯:元亨,利贞,勿用有攸往,利建侯。

《彖》曰:屯,刚柔始交而难生。动乎险中,大亨贞。雷雨之动满盈,天造草昧。宜建侯而不宁。

《象》曰:云雷,屯,君子以经纶。

修身之始,其心未定,正邪之争此起彼伏,善恶之辨杂乱晦冥,故而在险,未可遽进,则宜守正,以尊礼工夫最为切当。修身工夫尚未纯熟,宜有大德之人开导之,教诲之,未可自行其是,此亦君子修身破门而入之机,大有可为也。世上有名利财色之诱惑,修身人亦不免彷徨犹豫,若往逐而不舍,必致一败涂地。取舍去留在于一心,妄求财色名利者去,求道以成己者留。取舍去留亦有艰难险阻,宜为修道者所忧惧警惕。修身乃守心居得正之工夫,其如水滴石穿,急功近利者不宜甚矣。

第四《蒙卦》,坎下艮上。

《易·蒙卦》:

蒙:亨。匪我求童蒙,童蒙求我。初噬告,再三渎,渎则不告。利贞。

修 身

《彖》曰：蒙，山下有险，险而止，蒙。蒙亨，以亨行，时中也。匪我求童蒙，童蒙求我，志应也。初噬告，以刚中也。再三渎，渎则不告，渎蒙也。蒙以养正，圣功也。

《象》曰：山下出泉，蒙；君子以果行育德。

修身反观其心，正邪之争、善恶之辨未能当下了断，谓之"蒙昧"，拨开云雾，则见其德。破蒙昧当存养正心以内求之，痛改前非以外求之，内外相应，此为正法，然要在养正，不为功利所惑。若能求刚明之德而亲近之，求教之，则吉。发蒙不宜过刚、过猛，以工夫发见本心，其虽迟缓，乃为得宜。

第五《需卦》，乾下坎上。

《易·需卦》：

需：有孚，光亨，贞吉，利涉大川。

《彖》曰：需，须也；险在前也，刚健而不陷，其义不困穷矣。需，有孚，光亨，贞吉，位乎天位，以正中也。利涉大川，往有功也。

《象》曰：云上于天，需；君子以饮食宴乐。

养心需意态祥和自如，宽舒敬慎，不冒进，不急躁，诚信自在其中。发见本心贵于能待，待自有其功也，阴阳之和而自雨，俟其自至而已。一有所求，则非其道。

第六《讼卦》，坎下乾上。
《易·讼卦》：
讼：有孚，窒惕，中吉；终凶。利见大人，不利涉大川。

《彖》曰：讼，上刚下险，险而健，讼。讼：有孚，窒惕，中吉，刚来而得中也。终凶，讼不可成也。利见大人，尚中正也。不利涉大川，入于渊也。

《象》曰：天与水违行，讼；君子以作事谋始。

有不决之时，宜见大德之人。大德心智安定，有不决必有疑情，以上智制疑情，阳刚制阴险，宜也，吉也。有疑情、处险地，修者需以谦恭免灾患，不妄为，居正则吉，守常则善。"不决"必有是非难断之关节，"疑"则有善恶难分之隐情，此皆本心未明之故，以未明之心断是非，辨善恶，其必有失，故"讼"为戒之意深矣。

第七《师卦》，坎下坤上。
《易·师卦》：
师：贞，丈人吉，无咎。

修　身

　　《彖》曰：师，众也；贞，正也。能以众正，可以王矣。刚中而应，行险而顺，以此毒天下，而民从之，吉又何咎矣。

　　《象》曰：地中有水，师；君子以容民畜众。

　　心中善恶之争为险，其胜算在于"存天理灭人欲"，此所谓"寓兵于农"。农者，蓄养元神者也；兵者，以善治恶为用也。人欲为险，以善治恶为顺。人欲如心中贼其也不测，天理至静，其发则有雷霆万钧之力，犹如王者之师，刚中而应，名正言顺，吉。兵者，行险也；制欲者，名正也，顺本心也。此非有蓄养元神者不能也。"存天理灭人欲"当谨其始，守法度。才弱志刚者，不中不正者，元神不强者，大无功也。何以故？天理未分明，心神未清澈，则人欲混沌，以人欲灭人欲，此人欲灭之，而彼人欲复起，必乱方寸，戒之，戒之。

　　第八《比卦》，坤下坎上。
　　《易·比卦》：
　　比：吉。原筮，元永贞，无咎。不宁方来，后夫凶。
　　《彖》曰：比，吉也；比，辅也，下顺从也。原筮，元永贞，无咎，以刚中也。不宁方来，上下应也。后夫凶，其道穷也。

《象》曰：地上有水，比；先王以建万国，亲诸侯。

身心者，心为主宰，身所依附。心居尊位，刚健中正，以其无私，有元善长永正固之德，身依附之，和顺之。心神不在，则其身亦茫茫然无所归依，身心不能合一，大凶。

第九《小畜卦》，乾下巽上。

《易·小畜卦》：

小畜：亨，密云不雨，自我西郊。

《象》曰：小畜，柔得位，而上下应之，曰小畜。健而巽，刚中而志行，乃亨。密云不雨，尚往也；自我西郊，施未行也。

《象》曰：风行天上，小畜；君子以懿文德。

人有志则气正，气正则刚，刚而能中，则其志得行，行之远也。有修身之志，则正气有所畜养，能自守以正，则正气刚大，亦不自失也。若为私欲所扰，则刚而不中，则不得进而有所争也。蓄养为阴，正气为阳，阴阳和则正气积满，可大有为也。

修身

第十《履卦》，兑下乾上。

《易·履卦》：

履：履虎尾，不咥人，亨。

《彖》曰：履，柔履刚也。说而应乎乾，是以履虎尾，不咥人，亨。刚中正，履帝位而不疚，光明也。

《象》曰：上天下泽，履；君子以辨上下，定民志。

志者，从心所之也。民有志，如农工商贾勤其事，即有定志。分，别也。公卿士大夫以德任事，小德小任，大德大任，无德无所任，皆得其分。以其德以其分，即有定志。君子任事亦需得其分，当其位，方有定志，如此处危而不伤，当大任而不疚，凡事必行，无所疑碍。如不得其分，必见伤害，志大才疏，亦不能久。君子进德修业，要在幽独守贞，不为物迁，中不自乱，任大事戒谨恐惧，则得元吉，大有福庆。

第十一《泰卦》，乾下坤上。

《易·泰卦》：

泰：小往大来，吉，亨。

《彖》曰：泰，小往大来，吉，亨。则是天地交而万物通也，上下交而其志同也。内阳而外阴，内健而外顺，内君子而外小人：君子道长，小人道消也。

第六章　心　易

《象》曰：天地交，泰；后以财成天地之道，辅相天地之宜，以左右民。

天地交而万物通，阳刚健而阴柔顺。心为阳，身为阴，身心相合，此交泰境界，其仁心长，私欲消。仁心长则得中庸之道，包容天下，果断刚决，言必行，信必果。若用事过度，阴虚阳实，则有泰将极而否欲来之忧，当戒艰难守成，不可力争。

第十二《否卦》，坤下乾上。

《易·否卦》：

否：否之匪人，不利君子贞，大往小来。

《彖》曰：否之匪人，不利君子贞，大往小来，则是天地不交而万物不通也；上下不交而天下无邦也。内阴而外阳，内柔而外刚，内小人而外君子；小人道长，君子道消也。

《象》曰：天地不交，否；君子以俭德辟难，不可荣以禄。

否，闭塞也，内阴而外阳，内柔而外刚，阴阳不交，此修身之大忌。盖心在外而神不守舍，身无主而私欲炽盛，身心不合之谓也。当否之时，私欲涌动，易受诱惑而自失其守。对治之法，当以俭德辟难，戒

修 身

财色名利，收敛其德，不形于外，守住本心，则私欲不能为害。阳刚中正以居尊位，则有天命而保无咎。此为修身之大关节，切切。

第十三《同人卦》，离下乾上。

《易·同人卦》：

同人：同人于野，亨，利涉大川，利君子贞。

《彖》曰：同人，柔得位得中而应乎乾，曰同人。同人曰，同人于野，亨，利涉大川，乾行也。文明以健，中正而应，君子正也。唯君子为能通天下之志。

《象》曰：天与火，同人；君子以类族辨物。

君子之德文明以健，以其无私，中正而应，通天下之志，与人同也。同人，君子以类族辨物，即"君子和而不同"之谓也。与人同则以健而行。私情之合即是小人之同也。不能大同而系于私，其刚而不中，上无正应，言不能行。通天下之志在于大公无私，以大公克一己之私，可通天下之志。

第十四《大有卦》，乾下离上。

《易·大有卦》：

大有：元亨。

《象》曰：大有，柔得尊位大中，而上下应之，曰大有。其德刚健而文明，应乎天而时行，是以元亨。

《象》曰：火在天上，大有；君子以遏恶扬善，顺天休命。

君子其德刚健而文明，应乎天而时行，遏恶扬善，顺天休命。所有既大，大有也。当大有之时，君子亦必艰以处之，刚而得正，通天下之志，有其德而戒其刚，柔顺而中，虚己待物。仁道贵刚，不可柔弱，是以取信于天下也。

第十五《谦卦》，艮下坤上
《易·谦卦》：
谦：亨，君子有终。
《象》曰：谦，亨，天道下济而光明，地道卑而上行。天道亏盈而益谦，地道变盈而流谦，鬼神害盈而福谦，人道恶盈而好谦。谦尊而光，卑而不可踰，君子之终也。
《象》曰：地中有山，谦；君子以裒多益寡，称物平施。

有其德而不居，谓之谦。君子修德，其志乃大，以其志大，则其学愈博愈不自满，其德愈进愈不自得，其必自我谦损，以崇高之德，而处卑之下。大德之君子，其谦德终身不易，谨修仁德，此所谓君子有终也。

满招祸，盈则亏，亏则损。君子修德必以谦，故可以存其德也；自处卑下，可以避祸，可以终吉。谦谦君子，其无失也。其"谦谦"乃由至诚积于中，故谦乃自得也，非勉为之也，是故有劳而无怨，有功而不居，有德而不矜，谦德之至矣。

然则"谦"非不争，以义而争，亦谦中之义。"谦"中之志甚大，待时而发，其不怒自威也。

第十六《豫卦》，坤下震上。

《易·豫卦》：

豫：利建侯，行师。

《彖》曰：豫，刚应而志行，顺以动，豫。豫，顺以动，故天地如之，而况建侯行师乎？天地以顺动，故日月不过，而四时不忒；圣人以顺动，则刑罚清而民服。豫之时义大矣哉！

《象》曰：雷出地奋，豫；先王以作乐崇德，殷荐之上帝，以配祖考。

君子待时而发，顺大势而动，应志而行。大势者，阳气奋发，上下和畅，众心和悦，其志得行，动而有

第六章 心 易

功。君子不违天时地利人和,顺乎理而已。君子当天下之任,唯当尽其至诚,得道多助,见机而作,亦当中正自守。势有盛有衰有亡,其变也必然,不可安且久也。有中正之德,见微知著而知吉凶,乃可明哲保身也。

第十七《随卦》,震下兑上。
《易·随卦》:
随:元亨,利贞,无咎。
《彖》曰:随,刚来而下柔,动而说,随。大亨,贞,无咎,而天下随时,随之时义大矣哉!
《象》曰:泽中有雷,随;君子以向晦入宴息。
君子见义思迁而从之,不亦说乎?其利在进德,从义得其正,每见义而从之,后必有大得,后使天下随之可也。见义亦有其时,亦有其几,知几能权者,方能见义而从,随时而动。随四时及昼夜而生、长、收、藏,亦随时之宜,见义而从,随时而动,所随得正则吉也。见义思迁须持中正之德,诚敬专一,戒随时而动而不得其正。君子见义求义不得趋利,是得所求也。见利思迁人不之疑,而见义求义则人或谤之,故虽正亦有其凶。德及于民,有安民之功,亦不免于猜忌。如之何？其至诚存乎中而已矣。有其诚在，则其所施为中庸之道，有孚焉，远祸焉。

第十八《易·蛊卦》，巽下艮上。
《易·蛊卦》：
蛊：元亨，利涉大川；先甲三日，后甲三日。
《彖》曰：蛊，刚上而柔下，巽而止，蛊。蛊，元亨，而天下治也。利涉大川，往有事也。先甲三日，后甲三日，终则有始，天行也。
《象》曰：山下有风，蛊；君子以振民育德。
修身必有艰难险阻，其在私心。克一分私心，则克一道险阻，克十分私心，则见风光无限，此修身所必然者也。虑之愈深，推之愈远，则其志愈坚。修身有多种工夫，对治各种病症，身心可治矣。境遇坏乱之际，尤当不畏艰险，一往无前，即已立志，必也得道，此即终则必有始，天之道也。

第十九《临卦》，兑下坤上。
《易·临卦》：
临：元亨，利贞。至于八月，有凶。
《彖》曰：临，刚浸而长。说而顺，刚中而应，大

第六章　心　易

亨以正，天之道也。至于八月，有凶，消不久也。

《象》曰：泽上有地，临；君子以教思无穷，容保民无疆。

临者，阳长阴消，避之不可，逐之不可，遗之不可，迫而相遇也。善恶交逢之时，大亨以正，君子之道也。善虽天运之当然，其长之时，君子志当行正，勉人迁善，不自用而任人，敦厚于人于事也。

第二十《观卦》，坤下巽上。

《易·观卦》：

观：盥而不荐，有孚颙若。

《彖》曰：大观在上，顺而巽，中正以观天下。观，盥而不荐，有孚颙若，下观而化也。观天之神道，而四时不忒，圣人以神道设教，而天下服矣。

《象》曰：风行地上，观；先王以省方，观民设教。

为人所仰者，道也。然道不可见，观心也，道在心中，心外无道，其信在中，其位阳，其气为刚。心者，阳也，中也，正也，居尊位。观己心即观己之所行，察一身之得失，以此进德也。圣人神道设教，观世道人心。道有兴废，运有盛衰，物有隆替，其在于人心。

修 身

第二十一《噬嗑卦》，震下离上。

《易·噬嗑卦》：

噬嗑：亨。利用狱。

《彖》曰：颐中有物，曰噬嗑。噬嗑而亨，刚柔分，动而明，雷电合而章。柔得中而上行，虽不当位，利用狱也。

《象》曰：雷电，噬嗑；先王以明罚敕法。

于名利财色，私欲易起，伤及身心，当下察觉，当下必欲灭之，终无大害。此即省察工夫、尊礼工夫、慎独工夫、知行工夫，其必利于正固本心。

第二十二《贲卦》，离下艮上。

《易·贲卦》：

贲：亨。小利有攸往。

《彖》曰：贲，亨；柔来而文刚，故亨。分刚上而文柔，故小利有攸往，天文也。文明以止，人文也。观乎天文，以察时变；观乎人文，以化成天下。

《象》曰：山下有火，贲；君子以明庶政，无敢折狱。

文质彬彬，然后君子。君子必有文，博学文采是也；君子必有质，仁义礼智是也。诚于中而形于外，

第六章 心 易

必也文质彬彬，君子之美也，其光大之发扬之，君子之用也，其用有不罄。有其文可以修业，有其质可以安身，故文质彬彬者，实一己之礼教也。质贵能诚，静定内存，则文即自明，光辉外见，内外相应也。

第二十三《剥卦》，坤下艮上。

《易·剥卦》：

剥：不利有攸往。

《彖》曰：剥，剥也，柔变刚也。不利有攸往，小人长也。顺而止之，观象也。君子尚消息盈虚，天行也。

《象》曰：山附于地，剥；上以厚下，安宅。

阳为心，阴为物欲。心神与物欲互为消长，心神长则生，物欲盛则杀。物欲重则心神位高无辅，气升难沉，刚不复主，随时倾颓，天道将穷。心神不复用，身则破败不复自全，如草木之残落耳，亨则尽矣。心神且尽，身亦不可久存，地道亦将绝矣。天地之道盛衰循环。隆替往复，时之物穷必变，消息盈虚有定也。于人者，心神晦塞其内，不与身通，心之蒙昧即久，物欲之贪其无有时，此危之甚者也，而当物欲横流世道衰微之际，人道危矣，仁义礼智四德不具。

修 身

　　心神虽微，其有光明，其有生机，故君子人者，以心为宝，以物欲为戒，慎以自处，守其心，保其身，明吉凶进退，不履于危，遵时养晦，行乎中道，永保太和，此君子之志行也。

　　第二十四《复卦》，震下坤上。
　　《易·复卦》：
　　复：亨。出入无疾，朋来无咎。反复其道，七日来复，利有攸往。
　　《彖》曰：复，亨；刚反。动而以顺行，是以出入无疾，朋来无咎。反复其道，七日来复，天行也。利有攸往，刚长也。复其见天地之心乎？
　　《象》曰：雷在地中，复；先王以至日闭关，商旅不行，后不省方。
　　身之生机在心。心在，阳所以生。阳生，身得以滋养。维护心之阳，乃修养之基，性命之本。心中一阳来复，其生乃不穷，此亦天地生化之机。君子修身，一言以蔽之，要在复性，复本心，复于仁也，是亦反本复始之道。职是之故，维护心之阳其为用亦大矣哉，其可秉中和，尽德用。

第六章 心 易

第二十五《无妄卦》，震下乾上。

《易·无妄卦》：

无妄：元，亨，利，贞。其匪正有眚，不利有攸往。

《彖》曰：无妄，刚自外来而为主于内，动而健，刚中而应；大亨以正，天之命也。其匪正有眚，不利有攸往。无妄之往，何之矣？天命不佑，行矣哉？

《象》曰：天下雷行，物与无妄；先王以茂对时育万物。

阳，心中一点灵明，人心之所存守也，其也真也诚，故曰"无妄"。无妄者，生机自达，待时而动。不期然而然者，命也。所谓吉凶、祸福、生死、贫贱，命之事也，君子不趋不避，俟命以待之，唯求诸己、求己心、求本性中四善端，此曰"无妄"。心有所定而知行止，中庸也，心中即无吉凶、祸福、生死、贫贱，命之事也。心有所妄动，则于吉凶、祸福、生死、贫贱，命之事趋之避之，躁以进，乱以避，乖戾中和，违逆顺止，或刚以自用，或败于浮躁，其心失守也，此曰"妄"。

修 身

第二十六《大畜卦》,乾下艮上。

《易·大畜卦》:

大畜:利贞;不家食,吉;利涉大川。

《彖》曰:大畜,刚健笃实辉光,日新其德。刚上而尚贤,能止健,大正也。不家食,吉,养贤也。利涉大川,应乎天也。

《象》曰:天在山中,大畜;君子以多识前言往行,以畜其德。

欲明明德于天下,始于己身,有成德之伟志,蓄德成其大,曰正曰大。君子立诚畜养其德,以育其心身,以正性命,成德达道,中和见焉。德业必大之君子。其所畜既厚,必有大用,其志在天下,坚诚以致之,待时而动,成济世之功,曰"止于至善"。

第二十七《颐卦》,震下艮上。

《易·颐卦》:

颐:贞吉。观颐,自求口实。

《彖》曰:颐,贞吉,养正则吉也。观颐,观其所养也;自求口实,观其自养也。天地养万物,圣人养贤以及万民;颐之时,大矣哉!

《象》曰:山下有雷,颐;君子以慎言语,节饮食。

第六章 心 易

物皆有生,皆求其养。天地之养万物,万物亦以自养。君子所立者志,其志也大;所存者心,其心也静;所养者气,其气也刚,以此养生,身心合一,以致于道者也,中庸也。此为养正,养其大体也。君子虚中善纳,以刚养柔,以心养身,心持中不渝,而身自保而全,以正性命,以保太和,养正之道也。

第二十八《大过卦》,巽下兑上。
《易·大过卦》:
大过:栋桡,利有攸往,亨。
《彖》曰:大过,大者过也。栋桡,本末弱也。刚过而中,巽而说行,利有攸往,乃亨。大过之时,大矣哉!
《象》曰:泽灭木,大过;君子以独立不惧,遁世无闷。

非正则失中,失中则过,不得中行。以君子养正而言,阳犹心也,阴犹欲也,心为私欲所蒙蔽,不能持中,此为过。君子之性命,以守心为真,习存养之行,保其灵明。私欲蒙蔽其心则其身失其养,本末错位,身心若离,刚柔之不相济,大过也。

第二十九《坎卦》，坎下坎上。

《易·坎卦》：

坎：习坎，有孚，维心亨，行有尚。

《彖》曰：习坎，重险也。水流而不盈，行险而不失其信。维心亨，乃以刚中也。行有尚，往有功也。天险，不可升也。地险，山川丘陵也。王公设险，以守其国，险之时用，大矣哉！

《象》曰：水洊至，习坎；君子以常德行，习教事。

君子修行，常有善恶、正邪、是非之争，此谓之"险"。君子处险时，遇变不失其常，以诚信孚人，维其心诚，故能亨通。君王诸侯以城墙沟池御其险守其国，君子则守其心之不失，处于险而保其天良，不显于外，深而不伤，以其心自成刚健之用也。

第三十《离卦》，离下离上。

《易·离卦》：

离：利贞，亨。畜牝牛，吉。

《彖》曰：离，丽也；日月丽乎天，百谷草木丽乎土，重明以丽乎正，乃化成天下。柔丽乎中正，故亨；是以畜牝牛，吉也。

《象》曰：明两作，离，大人以继明照于四方。

第六章 心 易

君子之行，事皆昭彰，令誉显著，光辉照耀，其也美也。何以故，君子"志于道，据于德，依于仁，游于艺"（《论语·述而》），其也心正，其也德懿，其也温良恭俭让。君子之美，实乃其德之光辉。美与善，君子得之，是故天下之人，风而从之。

第三十一《咸卦》，艮下兑上。

《易·咸卦》：

咸：亨，利贞，取女吉。

《彖》曰：咸，感也。柔上而刚下，二气感应以相与。止而说，男下女，是以亨，利贞，取女吉也。天地感而万物化生，圣人感人心而天下和平；观其所感，而天地万物之情可见矣！

《象》曰：山上有泽，咸；君子以虚受人。

情者，阴阳相感也，相感相应而和合，化生万物也。仁以情为端始，夫妇、父子、亲友、世人，皆相接而有感，有感而生情。男女有情止于夫妇，父子有情止于慈孝，君臣有情止于忠义，朋友止于信。相感有情止于义者为正，曰"和"。有亲亲之爱，然后推及仁民，仁民之后有爱物。

心可感通天下，亦无不应也，以其无私无欲，虚中无我也。若以私心感物，如所谓靡靡之音、五色杂陈，皆动于身而非动于心者，故无义，其情发而不中节，故不和。

君子修身之感通，其情自心出，自恻隐之心出，自羞恶之心出，自辞让之心出，自是非之心出，故自有仁义礼智，非自外来，非自思虑中来，以其无思无虑，故可穷天下无不感通焉。

第三十二《恒卦》，巽下震上。

《易·恒卦》：

恒：亨，无咎，利贞，利有攸往。

《彖》曰：恒，久也。刚上而柔下，雷风相与，巽而动，刚柔皆应，恒。恒：亨，无咎，利贞；久于其道也。天地之道，恒久而不已也。利有攸往，终则有始也。日月得天而能久照，四时变化而能久成。圣人久于其道，而天下化成；观其所恒，而天地万物之情可见矣！

《象》曰：雷风，恒；君子以立不易方。

恒者，长久者也。仁道，人道之常道，可曰"恒"。可恒之正道，故亨通也。亨通者，终而复始，恒而不穷。君子修身恒于善，得终身之正，此谓顺天道而动，故利于有往，无往不利。

仁道为恒，然非常规。所谓恒久者，仁心也。君子修身，守常而度势，应时而变，以常久其德，不变易其志，戒在求之过速，戒在急功近利，戒在毕其功于一役，此均非恒之道也。恒之义，恒久于中不失其正也。不恒之人，其志不坚，其心不定，徒用力而无功，一无所成。

第三十三《遁卦》，艮下乾上。
《易·遁卦》：
遁：亨，小利贞。
《彖》曰：遁亨，遁而亨也。刚当位而应，与时行也。小利贞，浸而长也。遁之时义大矣哉！
《象》曰：天下有山，遁；君子以远小人，不恶而严。

君子修道以恒，然与时进退。进者为伸，退者为藏。君子知几退藏，亦是有为，退藏乃明哲保身，安顿其心，扶持其道，涵养正气。

于物欲横流之世，君子亦当退藏蓄志，洁身自好，远小人，不当大任。以正志退藏而不疑，其心闲适而存心养性，是以吉也。君子知微，故当深虑退藏之几。

修 身

第三十四《大壮卦》，乾下震上。

《易·大壮卦》：

大壮：利贞。

《彖》曰：大壮，大者壮也。刚以动，故壮。大壮，利贞；大者正也。正大而天地之情可见矣！

《象》曰：雷在天上，大壮；君子以非礼弗履。

发心求道，要在正固本心，其志大则其气其势也强。其志也大，其心也正，其气也强，可与天地之情相感通。然则，自胜者强，突进者险。正固本心乃修身之根底，根底不厚，则后续堪忧。急于求成乃功利之心，非修身之法，君子虽正亦危矣。君子宜视道之若无，以此而入，以柔化刚，其有功也。

第三十五《晋卦》，坤下离上。

《易·晋卦》：

晋：康侯用锡马蕃庶，昼日三接。

《彖》曰：晋，进也。明出地上，顺而丽乎大明。柔进而上行，是以康侯用锡马蕃庶，昼日三接也。

《象》曰：明出地上，晋；君子以自昭明德。

德者，丽也，明也。君子修身要在修心进德，修心即是守正，进德益于修心。进德若无修心，即无应

第六章 心 易

援,上进则无所依。所谓进德,当恭谨宽和,不可贪图德名。贪图德名则不中不正,必不自信,必不孚人,其危可知。进德者务去计功谋利之心,韬光涵养,即是有德。

第三十六《明夷卦》,离下坤上。
《易·明夷卦》:
明夷:利艰贞。
《彖》曰:明入地中,明夷。内文明而外柔顺,以蒙大难,文王以之。利艰贞,晦其明也,内难而能正其志,箕子以之。
《象》曰:明入地中,明夷;君子以莅众,用晦而明。

有德者其或有伤,有大德者或有大伤,以其德明位重行高之故。德者处于逆境,艰难守正,韬光养晦,柔顺自救,正志养气,戒用强力,戒求事功,然有自伤己德而坠厥命之虞,亦不可不察。

第三十七《家人卦》,离下巽上。
《易·家人卦》:
家人:利女贞。

修 身

《彖》曰：家人，女正位乎内，男正位乎外，男女正，天地之大义也。家人有严君焉，父母之谓也。父父，子子，兄兄，弟弟，夫夫，妇妇，而家道正；正家而天下定矣。

《象》曰：风自火出，家人；君子以言有物，而行有恒。

修身如治家，各在其位，各安其分，各司其职，防患于未然，此正家久远之道。为王者义之，为臣者忠之，为父者慈之，为子者孝之，此礼教久远之道。其志坚固之，其身闲适之，其心固守之，其气涵养之，阴阳调剂，此修身久远之道。

第三十八《睽卦》，兑下离上。

《易·睽卦》：

睽：小事吉。

《彖》曰：睽，火动而上，泽动而下；二女同居，其志不同行；说而丽乎明，柔进而上行，得中而应乎刚，是以小事吉。天地睽而其事同也；男女睽而其志通也；万物睽而其事类也；睽之时用大矣哉！

《象》曰：上火下泽，睽；君子以同而异。

说而丽乎明，德也；柔进而上行，工夫也；得中而应乎刚,存心养性也。道心本微,必委曲相求乃得会遇。工夫不到,心不守而身已失,身心睽违,故必危厉。若其志坚固,则邪不胜正,身心终必得合。

第三十九《蹇卦》,艮下坎上。
《易·蹇卦》:
蹇:利西南,不利东北;利见大人,贞吉。
《彖》曰:蹇,难也,险在前也。见险而能止,知矣哉!蹇,利西南,往得中也;不利东北,其道穷也。利见大人,往有功也。当位贞吉,以正邦也。蹇之时用大矣哉!
《象》曰:山上有水,蹇;君子以反身修德。

人生必有难事,必有险路,修行之人必有极难之事,极险之路。若德未醇厚,其心未明澈,其气未刚大,则宜见险而止,反身修德。得道之人则不然,其不见难,不见险,可,为之,不可,亦为之,所谓"从心所欲也"。见险贵于能止,反身修德又利于进,要在不失其正,以事之难、路之险砥砺之,磨炼之,以诚敬修炼之,其间必有同道之人助之,进德又入一境界也。

第四十《解卦》，坎下震上。

《易·解卦》：

解：利西南，无所往，其来复，吉。有攸往，夙吉。

《彖》曰：解，险以动，动而免乎险，解。解，利西南，往得众也。其来复，吉，乃得中也。有攸往，夙吉，往有功也。天地解而雷雨作，雷雨作而百果草木皆甲坼，解之时大矣哉！

《象》曰：雷雨作，解；君子以赦过宥罪。

修身即是修心，其间必有善恶之争、正邪之辨，此谓之"险"，险可过，或不可过，亦未可知。过则为坦途，不过则前功尽弃。破关而出则险者不险。"关"者，私心私欲而已。私心自缚其心，其心为私欲所困，以雷霆之力振聋发聩，破心中贼，云雾开，见青天。仁心长，道心生。雷霆，求道之志，阳刚之气。

第四十一《损卦》，兑下艮上。

《易·损卦》：

损：有孚，元吉，无咎，可贞，利有攸往。曷之用？二簋可用享。

《彖》曰：损，损下益上，其道上行。损而有孚，元吉，无咎，可贞，利有攸往。曷之用？二簋可用享；

第六章 心 易

二簋应有时,损刚益柔有时,损益盈虚,与时偕行。

《象》曰:山下有泽,损;君子以惩忿窒欲。

损,减也,失也,去也,舍也。益,增也,进也,惠也,得也。修身何以为损何以为益?损财色名利之贪,益心智清明之境界;损福禄寿喜财之欲,益明心见性之功;损私心、物欲、妄见、贪鄙、忿恨、固执、傲慢、多疑,益身心合一之性命。君子损其所当损,益其所当益,与时见几,其道上行。损之又损,无损可损,得道也。损己而益天下,大德者人,大仁者人,其实无可损,其有大宝也。

第四十二《益卦》,震下巽上。

《易·益卦》:

益:利有攸往,利涉大川。

《彖》曰:益,损上益下,民说无疆,自上下下,其道大光。利有攸往,中正有庆。利涉大川,木道乃行。益动而巽,日进无疆。天施地生,其益无方。凡益之道,与时偕行。

《象》曰:风雷,益;君子以见善则迁,有过则改。

益,增也,进也,惠也,得也。天施地生,天道之益;与时偕行,智者之益;迁善改过,君子之益;

用万物以为天下利,圣人之益。当其位而求其益,宜也。庶人得丰衣足食,君子当大任,圣人之有天下,此皆为益之宜者,不宜则凶,有祸焉。君子之于益,以中行为戒,以义为衡,必有所依,然后能立。益于人者,莫大于惠人以德,此谓之"忠"也。

第四十三《夬卦》,乾下兑上。
《易·夬卦》:
夬:扬于王庭,孚号,有厉,告自邑,不利即戎,利有攸往。
《彖》曰:夬,决也,刚决柔也。健而说,决而和,扬于王庭,柔乘五刚也。孚号有厉,其危乃光也。告自邑,不利即戎,所尚乃穷也。利有攸往,刚长乃终也。
《象》曰:泽上于天,夬;君子以施禄及下,居德则忌。

善与恶,正与邪,公与私,阴阳消长之事。以善制恶,以正制邪,以公制私,仁道之用也,有其几也。当断不断,必受其乱;断而以厉,或有其危。专尚威武,难以为继也。以中庸之道,执其两端以求和,端的在于知其几。果决其决,当断则断,以刚以柔,有备无患。其要在无私,盖人有所欲,离中庸之道远矣。

第四十四《姤卦》，巽下乾上。

《易·姤卦》：

姤：女壮，勿用取女。

《彖》曰：姤，遇也，柔遇刚也。勿用取女，不可与长也。天地相遇，品物咸章也。刚遇中正，天下大行也。姤之时义大矣哉！

《象》曰：天下有风，姤；后以施命诰四方。

人生有不期而遇者，其吉凶或在知与不知之间。不知，不可与也；知，可行也。知与不知，固在几微之际，然心以守正，诚敬则吉。心有所欲，则不知其吉凶，则为害矣，居则不安，行则不进，有所伤矣。故不期而遇者其吉凶在一己之心。

第四十五《萃卦》，坤下兑上。

《易·萃卦》：

萃：亨。王假有庙，利见大人，亨，利贞。用大牲吉，利有攸往。

《彖》曰：萃，聚也；顺以说，刚中而应，故聚也。王假有庙，致孝享也。利见大人，亨，聚以正也。用大牲吉，利有攸往，顺天命也。观其所聚，而天地万物之情可见矣。

修　身

《象》曰：泽上于地，萃；君子以除戎器，戒不虞。

存心养性正气生焉，当呵护之，自守之，存养之，聚而成浩然之气，其有大用，可通天地，感鬼神，工夫到其自成也。有修身工夫则有正气，若其聚不厚则不能用。若有私欲，则其志不正，其心流失，正气终至散乱。正气出于心性之善，非可他求，不能假借，修身者当谨识。

第四十六《升卦》，巽下坤上。
《易·升卦》：
升：元亨，用见大人，勿恤，南征吉。
《彖》曰：柔以时升。巽而顺，刚中而应，是以大亨。用见大人，勿恤；有庆也。南征吉，志行也。
《象》曰：地中生木，升；君子以顺德，积小以高大。

修身乃积小以高大积薄以醇厚之功。德者，生机也，故积德可喜可庆有吉焉。积德不是慈善，不是恩惠，乃求诸己反求诸己之功夫，非以诚信不可。若为积德而积德，即非积德，若非积德，则无以高大，无以醇厚。

第六章　心　易

第四十七《困卦》，坎下兑上。

《易·困卦》：

困：亨，贞，大人吉，无咎，有言不信。

《彖》曰：困，刚掩也。险以说，困而不失其所亨；其唯君子乎？贞，大人吉，以刚中也。有言不信，尚口乃穷也。

《象》曰：泽无水，困；君子以致命遂志。

君子随时善处，处于困境，不失其志，乐天安命，应付裕如，处不失义，其道自亨。君子处困厄之时，当谨言慎行而不争，虽穷厄险难，无所动其心，其志也强，其气也刚。君子安其所遇，至诚以俟命，则困顿非困顿也。所困者，唯其身也，非其心也。故君子于逆境中首当安其正而已，择势而从，切勿锋芒毕露，妄动犯难则得凶，进退失据，陷于死地，戒之，戒之。困而用刚，故凶；困极则有变，则必有解困之时。

第四十八《井卦》，巽下坎上。

《易·井卦》：

井：改邑不改井，无丧无得，往来井井。汔至，亦未繘井，羸其瓶，凶。

《彖》曰：巽乎水而上水，井。井，养而不穷也。

改邑不改井,乃以刚中也。

《象》曰:木上有水,井;君子以劳民劝相。

君子之道,贵乎有成,其德未醇未厚,则不可用。待其德有常,汲之而不竭,存之而不盈,可济物也。

第四十九《革卦》,离下兑上。

《易·革卦》:

革:巳日乃孚,元亨,利贞,悔亡。

《彖》曰:革,水火相息,二女同居,其志不相得,曰革。巳日乃孚,革而信也;文明以说,大亨以正,革而当,其悔乃亡。天地革而四时成,汤武革命,顺乎天而应乎人,革之时大矣哉!

《象》曰:泽中有火,革;君子以治历明时。

天地革而成四时,身心革而知天命。天地之道,变易为常,阴阳消长之节即是革命,即是革而新之者。儒家君子之革命,以脱胎换骨之功,革一己之命而后生,可以大亨,所以致其通也,其命利于正,其道可久恒。欲革命者在在多是,有枯坐者,有苦行者,有断食者,有信教者,其得失或可自知。有革他人命者,其得在于利益,其失在于伤天害理,不仁不义。儒家君子之革命,以己心革己命,必取信于己,顺受于天，以至诚守正而怀危惧，不失其时，顺理而行，故身心革而知天命也。

第五十《鼎卦》，巽下离上。
《易·鼎卦》：
鼎：元吉，亨。
《彖》曰：鼎，象也。以木巽火，亨饪也。圣人亨以享上帝，而大亨以养圣贤。巽而耳目聪明，柔进而上行，得中而应乎刚，是以元亨。
《象》曰：木上有火，鼎；君子以正位凝命。

君子革一己之命，即变革其旧，咸与维新。反之，因循守旧，固步自封，坐井观天，所谓不进则退，革命即无所成。何以成其新？进德修业，涵养身心，心主宰身，身顺从心，柔进而行，得中而应乎刚，心与身相合，身心与四时相合，身心与天地之道相合，所以亨顺通泰。正所谓生成之功，以成化育，养德养身，"正位凝命"。

第五十一《震卦》，震下震上。
《易·震卦》：
震：亨。震来虩虩，笑言哑哑。震惊百里，不丧

修　身

匕鬯。

《彖》曰：震，亨。震来虩虩，恐致福也。笑言哑哑，后有则也。震惊百里，惊远而惧迩也。出可以守宗庙社稷，以为祭主也。

《象》曰：洊雷，震；君子以恐惧修省。

君子修身，有以忧患者也。所忧患者，此生不得道也，天下苍生不安身也，社稷之危倾也，天有不测风云也。所忧患者有如惊雷，令君子恐惧修省。其恐惧者，己身不得道则虚度，天下苍生不安身则涂炭，社稷危倾则纲纪堕毁，天有不测风云则朝夕难保。故君子恐惧修身以正性命，以救苍生，以扶社稷，以平天下，如此，君子焉得不恐惧？焉得不自危也？君子修身其也重也。

第五十二《艮卦》，艮下艮上。

《易·艮卦》：

艮：艮其背，不获其身，行其庭，不见其人，无咎。

《彖》曰：艮，止也。时止则止，时行则行，动静不失其时，其道光明。艮其止，止其所也。上下敌应，不相与也。是以不获其身，行其庭，不见其人，无咎也。

第六章 心 易

《象》曰：兼山，艮；君子以思不出其位。

君子进德修业，行于心所当行，止于心所当止，是有其心而不随身而动。动静其有时也，以时知几者，心也，故时止则止，时行则行。以心主动静，动静不失其时，不失正也。动者，阳也，刚也；静者，阴也，柔也。过刚过柔，是以其心不守也。阴阳不相济，不安之甚也。

第五十三《渐卦》，艮下巽上。

《易·渐卦》：

渐：女归吉，利贞。

《彖》曰：渐之进也，女归吉也。进得位，往有功也。进以正，可以正邦也。其位，刚得中也。止而巽，动不穷也。

《象》曰：山上有木，渐；君子以居贤德善俗。

仁聚于一心，乃终生之事。有一时之工夫，乃进一时德，一时不违仁；有一日之工夫，乃进一日德，一日不违仁；有终生之工夫，乃得终生之德，从心所欲不逾矩也。如此，君子位得其正，在其位则有其功，有其功则进得其位。反是，未有其位，而求其功；未有其功，则求其进，非君子修身所当为也。又有君子心无所求，有其位而无其功，有其功而无其进，泰然处之，无所住而生其心，心不在其位，不在其功，不在其进，此或为大德之至者，圣人之至者，仁者之至者，此不待修而成者，抑或有之，未可知也。

第五十四《归妹卦》，兑下震上。
《易·归妹卦》：
归妹：征凶，无攸利。
《彖》曰：归妹，天地之大义也。天地不交，而万物不兴，归妹，人之终始也。说以动，所归妹也。征凶，位不当也。无攸利，柔乘刚也。
《象》曰：泽上有雷，归妹；君子以永终知敝。
阴阳以相济为道，不相济则凶。以身心而言，心为阳，身为阴，身心以相通为合，不合或阳亢，或阴虚，或阴阳两虚。以修身而言，心为阳，性为阴，心守正则平，欲炽盛则六神无主。修身即修心性常久之德，曰"恒"，曰"抱道守正"。

第五十五《丰卦》，离下震上。
《易·丰卦》：
丰：亨，王假之，勿忧，宜日中。

第六章　心　易

《彖》曰：丰，大也。明以动，故丰。王假之，尚大也。勿忧，宜日中，宜照天下也。日中则昃，月盈则食，天地盈虚，与时消息，而况于人乎？况于鬼神乎？

《象》曰：雷电皆至，丰；君子以折狱致刑。

天地盈虚，与时消息，而况于人乎？盛极当衰，忧患之道也。生于忧患，死于安乐。凡夫溺于欲望以求安乐，以至于死。君子以忧患修身，求其生也。于困厄之时修身，苦其心志，劳其筋骨，饿其体肤，其难也不难，固其志足以矣。然于盛时自守，难矣。盛时最难守心，最易丧志，故需戒之以忧患。日中则昃，月盈则食，天道也。盛极而衰，否极泰来，人道也。盛衰、升沉、穷通、贵贱、生死，其有命焉，君子不言命也，君子言天命。天道者，守常也；仁道者，守心也。守心者，无非正心诚意而已矣。

第五十六《旅卦》，艮下离上。

《易·旅卦》：

旅：小亨，旅贞吉。

《彖》曰：旅，小亨，柔得中乎外而顺乎刚，止而丽乎明，是以小亨，旅贞吉也。旅之时义大矣哉！

修 身

《象》曰：山上有火，旅；君子以明慎用刑，而不留狱。

去其所止而不处，其非常居者也；遇之所遇而不留，盖其为身外物也。心自有其正，必作如是观。所止而不处，所遇而不留，斯为难矣。行所止而处，所遇而留，小得辄喜，有失即伤，盖其志穷矣。志穷则诚意失，诚意失则心不在，灾也。修身首要在于其志，其志不失于心，有其心则其义在。所止而不处，所遇而不留，其志固，其心存，其义不亡，其终有所处，安仁也；终有所留，道也，其无不在，不可须臾离也。

第五十七《巽卦》，巽下巽上。
《易·巽卦》：
巽：小亨，利有攸往，利见大人。
《彖》曰：重巽以申命。刚巽乎中正而志行，柔皆顺乎刚，是以小亨，利有攸往，利见大人。
《象》曰：随风，巽；君子以申命行事。

以阴从阳，柔顺乎刚，必知所从，乃得其正。心为阳，身为阴，以身从心，中正而志行，修身之正也。以心治身则身有主宰，以身济心则心在其中，身心各得所宜矣。

第六章 心 易

第五十八《兑卦》，兑下兑上。

《易·兑卦》：

兑：亨，利贞。

《彖》曰：兑，说也。刚中而柔外，说以利贞，是以顺乎天而应乎人。说以先民，民忘其劳；说以犯难，民忘其死；说之大，民劝矣哉！

《象》曰：丽泽，兑；君子以朋友讲习。

刚中而柔外，悦在其中，喜见乎于外，君子之德操也。刚于中者，志也，诚也，仁也，义也；喜见乎于外者，温良也，恭谨也，辞让也，谦和也。诚于内而形于外，君子必也如是乎。

第五十九《涣卦》，坎下巽上。

《易·涣卦》：

涣：亨。王假有庙，利涉大川，利贞。

《彖》曰：涣，亨。刚来而不穷，柔得位乎外而上同。王假有庙，王乃在中也。利涉大川，乘木有功也。

《象》曰：风行水上，涣；先王以享于帝立庙。

涣，离散，流散。以身心而言，散者，气也。气散则人懈，人懈则无神，身心分离，散之又散，危矣。人身之气散，因志先乱而后泄，则心不主政。当此危

修 身

难之时，当以诚意求之于心，以正道而行，激励其志，拯救气之涣散，渡过危亡。以心聚一身之气为一，聚而至亨，诚有功也。散可以有聚，乱可以有治，逆可以为顺，危可以转为安，其转机存乎一心之用也。

第六十《节卦》，兑下坎上。
《易·节卦》：
节：亨。苦节，不可贞。
《彖》曰：节，亨，刚柔分而刚得中。苦节，不可贞，其道穷也。说以行险，当位以节，中正以通。天地节而四时成，节以制度，不伤财，不害民。
《象》曰：泽上有水，节；君子以制数度，议德行。
节，有限而止。止亦有度，有节有度，各得其宜，道也。过刚或过柔即苦节，其道穷也，其不久也，凶也。天地有节度而有四时，故有春生、夏长、秋收、冬藏。物有节则有金木水火土，音有节则有宫商角徵羽，身有节则有骨，如此等等。人事亦如之，有礼、乐、刑罚，有节有度而用之。仁道亦如之，故有仁义礼智，君子人者以此进德修业也。修身亦如之，有心有身，有刚有柔，有内（诚于中）有外（形于外），故有诚敬、尊礼、省察、慎独、存养诸种工夫调济之。

其节其度何在？中庸是也，阴阳相济之事也。节者，时之度也，心当其位（"刚得中"）而知几，不失节时而用之。此道甚微，不知节不知度，虽得正而不免于凶，终不能相济而长久也。

第六十一《中孚卦》，兑下巽上。

《易·中孚卦》：

中孚：豚鱼吉，利涉大川，利贞。

《彖》曰：中孚，柔在内而刚得中。说而巽，孚乃化邦也。豚鱼吉，信及豚鱼也。利涉大川，乘木舟虚也。中孚以利贞，乃应乎天也。

《象》曰：泽上有风，中孚；君子以议狱缓死。

中，心正也；孚，信也。中孚，内心立诚以取信也。立志修身先立其诚，无诚则不能应其心，其心不应则无信，无信则修身无所成。诚也重也，其可感化万邦，其可冒险犯难，其可得正道也。

第六十二《小过卦》，艮下震上。

《易·小过卦》：

小过：亨，利贞，可小事，不可大事。飞鸟遗之音，不宜上，宜下，大吉。

修　身

《彖》曰：小过，小者过而亨也。过以利贞，与时行也。柔得中，是以小事吉也。刚失位而不中，是以不可大事也。有飞鸟之象焉，飞鸟遗之音，不宜上，宜下，大吉；上逆而下顺也。

《象》曰：山上有雷，小过；君子以行过乎恭，丧过乎哀，用过乎俭。

过，过度也，过度则失。小过，小事过度，"君子以行过乎恭，丧过乎哀，用过乎俭"，均为小过。小事过度尚无大错，谨守正道即可。君子未尝无小过，然其行之以正，谨守正道，有小过也无咎。君子之小过，可过于身，如用过乎俭，不可过于心，过于心则无诚；可过于礼，如丧过乎哀，不可过于仁，仁乃道也，过则无道；可过于庶人及引车卖浆者流，如行过乎恭，不可过于达官显贵，过则谄媚，非君子所当为也。如此等等，皆有其义，即：柔或可过之，刚断不可过也。柔者，阴也，地也，身也，伤之尚有可补。刚者，阳也，天也，心也，伤之则动本也。

第六十三《既济卦》，离下坎上。
《易·既济卦》：
既济：亨小，利贞；初吉，终乱。

第六章　心　易

《彖》曰：既济，亨，小者亨也。利贞，刚柔正而位当也。初吉，柔得中也。终止则乱，其道穷也。

《象》曰：水在火上，既济；君子以思患而预防之。

阴阳之道，其相搏、相容、相辅、相成，循环往复，以至于无穷，所以亨通畅达也。于人事者，事其有成，然守成艰难，已定而未定，已安而未安，内忧外患接踵而至，终止则乱，盛极而衰。有君子人者，居安思危，防微杜渐，临事而惧，其何故哉？其有忧患也。有君子人者，忧患于人心惟危道心惟微，忧患于生民不得立命，忧患于往圣之不传，忧患于天下不归仁，故忧患于其德行之不修而不知天命，忧患于不得道而不得任天下也。有以天下为己任者，必穷理尽性以至于命，可，为之，不可，亦为之，此岂非"天行健，君子以自强不息"之旨乎？

第六十四《未济卦》，坎下离上。

《易·未济卦》：

未济：亨，小狐汔济，濡其尾，无攸利。

《彖》曰：未济，亨；柔得中也。小狐汔济，未出中也。濡其尾，无攸利，不续终也。虽不当位，刚柔应也。

修　身

　　《象》曰：火在水上，未济；君子以慎辨物居方。
　　生生不已物不可穷，世运亦日新其流转也。故修身君子慎终如始，苟日新，日日新，又日新，其境界生生不已层出不穷，是故其命维新矣。

参考书目

本书引文部分版本来源：

《四书章句集注》（宋）朱熹撰。北京：中华书局，1983

《周易本义》（宋）朱熹撰；廖名春点校。北京：中华书局，2009

《礼记集解》（清）孙希旦撰；沈啸寰，王星贤点校。北京：中华书局，1989

《孝经郑注疏》（清）皮锡瑞撰；吴仰湘点校。北京：中华书局，2016

《尚书孔传参正》（清）王先谦撰；何晋点校。北京：中华书局，2011

《尚书今古文注疏》（清）孙星衍撰；陈抗，盛冬铃点校。北京：中华书局，1986

图书在版编目（CIP）数据

修身 / 徐迅著 . -- 北京：北京联合出版公司，2018.8
ISBN 978-7-5596-2186-3

Ⅰ.①修… Ⅱ.①徐… Ⅲ.①儒家—道德修养—研究 Ⅳ.① B222.05 ② B82-092

中国版本图书馆 CIP 数据核字 (2018) 第 107784 号

Copyright © 2018 WAVE PUBLISHING CONSULTING (Beijing) Co., Ltd.
本书版权归属于后浪出版咨询(北京)有限责任公司

修 身

作　　者：徐　迅	选题策划：后浪出版公司
出版统筹：吴兴元	编辑统筹：梅天明
特约编辑：黄杏莹	责任编辑：李　征
营销推广：ONEBOOK	装帧制造：墨白空间・肖雅

北京联合出版公司出版
(北京市西城区德外大街 83 号楼 9 层 100088)
天津翔远印刷有限公司　新华书店经销
字数 77 千字　889 毫米 × 1194 毫米　1/32　5.25 印张
2018 年 8 月第 1 版　2018 年 8 月第 1 次印刷
ISBN 978-7-5596-2186-3
定价：36.00 元

后浪出版咨询(北京)有限责任公司常年法律顾问：北京大成律师事务所　周天晖 copyright@hinabook.com
未经许可，不得以任何方式复制或抄袭本书部分或全部内容
版权所有，侵权必究

本书若有质量问题，请与本公司图书销售中心联系调换。电话：010-64010019